CUISINE ET FETES EN PROVENCE

ISBN 2-85744-615-2

Marion Nazet

Cuisine et Fêtes en Provence

Édisud

Quelle meilleure façon de "faire la fête" que de s'attabler avec parents et amis pour déguster nos bonnes recettes provençales ? C'est ce que nous allons essayer de faire ensemble.

Remarquons d'abord, au passage, que certains journalistes ont écrit que "les cuisines régionales redeviennent à la mode" ; chez nous, cela n'a jamais cessé d'être.

Nous allons donc faire un voyage gastronomique à travers les fêtes et les saisons, mais auparavant, si nous tentions un rapide historique de la cuisine provençale, à travers les légendes et les témoignages ?

Cette histoire commence, comme dans beaucoup d'autres régions d'ailleurs, par... le cannibalisme – au néolithique, rassurez-vous ! c'est ce que nous ont appris de récentes recherches dans le Var. Heureusement, nos ancêtres de la Provence maritime avaient d'autres ressources d'approvisionnement, entre autres porc-épic, cerf, squale.

Dans l'histoire de Marseille intervient très tôt la coupe de vin ou d'eau de la "Fontaine de Voyre" (?) offerte par Gyptis à Protis. Certains parlent de bouillabaisse, d'autres d'oursins dégustés ce jour-là.

Mais venons-en à des temps plus historiques, à des témoignages plus fiables : Gervais de Tilbury, maréchal d'Arles, écrit (en latin) au XIIIᵉ siècle : «Il est une nation que nous appelons provençale (...) qui se nourrit largement malgré sa pauvreté (...). Elle endure

LES PHOCÉENS À MARSEILLE : LES FIANÇAILLES DE GYPTIS.

CAP SORMIOU ET ILE MAIRE. CROQUIS DE J. GUITTON.

patiemment le chaud et le froid, la disette et l'abondance. La terre qu'elle habite est fertile par-dessus toutes "les autres".» Nous n'avons pas de recettes, mais nous savons que les épices étaient très utilisées, comme dans toute la cuisine de l'époque : par Marseille, les Provençaux reçoivent les épices du Levant, et l'abbé de Saint-Gilles, en 1163, envoie au roi Louis le Jeune "une caisse d'épices du Levant".

Rabelais (1533) nous cite ce qu'il a mangé dans le Midi : oursins, "boutargue", anchois, anguilles, thon, "merluz saléez", "stoficz", épaule de mouton aux câpres, "coustelettes" de porc à ognonade, carbonade, "saulgrenée" de fèves (bouillies, présentées avec des fines herbes hachées), gigot à l'ail, becfigues, asperges, riz, figues, raisin, dattes, nous ne sommes pas du tout dépaysés !

Quiqueran de Beaujeu, Arlésien trop tôt disparu en 1554, a élevé un monument à la Provence par ses trois livres *De Laudibus Provenciae* : «Ayant fait dessein d'écrire les louanges et belles propriétés de la Provence, j'ai estimé de devoir ce labeur à ma chère patrie. La Provence (...) très riche d'hommes, de grains et de bétail, peuplée de toutes races d'oiseaux et de poissons, plantureuse en vins et huiles très excellents, parfumée de tant de simples et herbes odorantes, fertile en fruits parfaitement bons et délicats, ne doit céder à l'Italie ni à aucune province du monde en matière d'avoir à regorger de tout ce qui est requis et nécessaire à la nourriture et honnête récréation des hommes.»

La Bruyère-Champier — médecin de François Ier — écrit en 1560 : «Pour l'abondance, le bon goût et la variété des fruits, la Provence ne le cède à aucun autre canton du Royaume (...). Le Provençal estime par-dessus tout les olives préparées et les câpres. Les mets s'y assaisonnent avec de l'huile, car on n'y connaît presque pas le beurre.» Au passage, nous savons que l'intendant du roi René tenait les comptes de la bouche en provençal, le seul mot qu'il écrivait en français était "beurre", car il n'avait pas d'équivalent en provençal.

Au XVIIe siècle, la noblesse et la bourgeoisie veulent cuisiner (ou plutôt faire cuisiner) comme à Versailles, mais la cuisine populaire reste fidèle à l'huile d'olive, ce qui étonne les voyageurs ; ils notent

P<small>ECHEUR</small>. S<small>ÉPIA DE</small> A<small>LPHONSE</small> M<small>OUTTE</small>.

aussi qu'on emploie beaucoup d'herbes, qu'on y mange des lièvres, des oiseaux, des poissons.

Madame de Sévigné vante "l'huile admirable" de Provence ; elle y goûte avec les poissons de la Sorgue. Son gendre, M. de Grignan, raffole de nos melons et de nos raisins.

Quant à Racine, lors de son séjour à Uzès en 1661, s'il n'apprécia pas les olives qu'il voulut manger sur l'arbre ! il écrivit à La Fontaine : «L'huile sert ici de beurre et j'appréhendais bien ce changement, mais j'en ai goûté aujourd'hui dans les sauces et, sans mentir, il n'y a rien de meilleur.»

Des voyageurs étrangers signalent avoir mangé : du turbot, du pigeon, des pois chiches cuits avec des oignons, de la morue étuvée dans l'huile avec de l'ail, des truites, et tout cela à des prix défiant toute concurrence : 25 sous le dîner, 30 sous le souper, logement compris !

Nous connaissons un manuscrit inédit du XVIIIe siècle, en vers, une "Description des choses nécessaires à la goinfrerie" — je n'aime pas beaucoup ce mot, mais c'est bien celui utilisé par l'auteur, Honoré de Brancas-Forcalquier, baron de Céreste, qui consacre 27 strophes de dix vers aux mets du terroir Forcalquier-Apt, soit un canton gastronomique de la Haute-Provence : jambons, saucissons, truffes, fromages, champignons, artichauts, cardes, sel, châtaignes, salades, raifort, vin rouge, vin clairet, vin blanc, vin muscat, hypocras — et encore aux produits importés à Céreste : "moustardes", huîtres, "anchoyes", poivre, dattes, oranges, ambre gris, tabac, et enfin les bouteilles.

Il faut souligner encore que, face à la cuisine d'inspiration "parisienne" des hautes classes de la société, la cuisine populaire a l'art d'accommoder les légumes que la région produit en abondance.

Passés la Révolution et l'Empire, la cuisine provençale "monte" à Paris : en 1826, les originaires bas-alpins de la vallée de la Veyre et du Verdon se rassemblent pour goûter la cuisine de leurs vallées, en particulier les "rayoles" (ou ravioles, qu'il ne faut pas confondre avec les raviolis italiens) et écouter le très sérieux monsieur H. Blanc, du Fugeret (près d'Annot), examinateur des aspirants à l'École Polytechnique, leur lire son *Écho des Alpes, bluettes gastronomiques et sentimentales !*

Il faut citer parmi ces "Parisiens" M. Aymés, aixois, qui eut le premier, en 1828, l'idée d'ouvrir à Paris un magasin de produits d'Aix et de Provence, ouverture qu'il annonça sous forme d'une élégante plaquette : *La gastronomie provençale ou catalogue raisonné des denrées de Provence, dédié aux Trois Frères provençaux* (les fameux restaurateurs), *aux contrôleurs de bouche, maîtres d'hôtel et chefs d'office, par Aymés, propriétaire d'oliviers à Aix, amateur d'agriculture. A l'entrepôt à Paris, rue du Bac n° 106, près de l'église des Missions Etrangères.* Toute la plaquette, illustrée de jolies planches et qui fut traduite en anglais sous le titre *The Epicure Provençal*, serait à lire ! Voici un aperçu, entre mille autres choses, de ce qu'il propose : huile d'olive, eau de fleurs d'oranger triple de Grasse, rougets marinés à l'huile d'Aix, olives picholines et verdales, pots d'anchois de Fréjus, truffes marinées à l'huile d'Aix, saucisson d'Arles, fromages aromatiques de Provence, figues marseillaises véritables, prunes de Brignoles, pistoles, confitures d'Apt, biscotins d'Aix, etc., etc. Peut-être est-ce chez lui que monsieur Thiers, grand amateur de brandade, se fournissait, mais nous aurons à nouveau l'occasion de le rencontrer.

Revenons chez nous, et allons faire ripaille avec le Marseillais Victor Gelu, en 1839, dans un "bouchon" de la rue des Moulins : «Granier, le restaurateur, avait une femme, née comme lui au Panier ou aux Belles Ecuelles (...). Cette ménagère si accomplie était cordon bleu premier numéro pour tous les plats spéciaux de notre localité marseillaise. La bouillabaisse, la bourride, la brandade, les pieds de moutons, les paquets de tripes, le bœuf en daube, l'omelette aux épinards, les limaces à l'Arlatenquo, préparés et soignés par elle, devenaient des prodiges culinaires, d'une saveur exquise, inimaginable (...) Le menu se composait d'une amplissime bouillabaisse, d'une pleine marmite à quatre anses de bœuf en daube, paquets de tripes et pieds de moutons au fumet embaumé, d'une omelette aux épinards épaisse de cinq centimètres, de merlans frits, de pageaux grillés et de deux dindonneaux respectables pour rôti, le tout précédé et accompagné des préliminaires indispensables de marée et de salaisons, tels qu'oursins, clovisses, olives vertes et noires, anchois, thon mariné, boutargue, etc.» (!) *(Marseille au XIXᵉ siècle)*

Un article du *Bulletin du Vieux Marseille* nous donne sur la même époque un écho bien différent de la nourriture des paysans : «Les païsans sont en général les plus laborieux et les plus nobles des hommes. Ils commencent un travail rude et fatigant dès la pointe du jour et continuent jusqu'à la nuit, quelquefois au clair de lune. La plupart des mégers ou des journaliers se nourrissent à midi de pain sec assaisonné d'une gousse d'ail ou d'oignon, et le soir d'une soupe de légumes frais ou secs suivant la saison, ou faite quelquefois de tranches de pain sur lesquelles ils versent de l'eau bouillante garnie d'un peu d'huile et de sel. Quelques-uns se régalent le dimanche d'un morceau de chèvre ou de mouton. Ce n'est que dans le temps où ils font des travaux forcés comme les moissons qu'ils sont mieux nourris.»

Frédéric Mistral qui, on le sait, a tenu une chronique culinaire dans *l'Armana Prouvençau* sous le nom de "Cousinié Macàri", nous donne quelques détails sur ce qu'étaient les premiers repas des Félibres : «On y servait des saucissons d'Arles, des tourtes aux écrevisses, des montagnettes de cuisses de grenouilles de Maillane, frites dans l'huile d'olive et servies avec des champignons et des gousses d'ail cuites sous la cendre, recouvertes de persil pilé, de grasses cailles, une salade de salsifis des prés à l'huile d'Aix, le tout arrosé, comme il se devait, de Châteauneuf-du-Pape.» Et il faudrait donner aussi quelques menus du "repas de la Coupe", aux fêtes de la Santo-Estello.

Terminons ces citations par ce joli passage de Jean-Louis Vaudoyer, déjeunant à Cucuron en 1928 : «Elle nous sert un fort bon repas. Des olives (l'huile n'a pas eu encore beaucoup le temps de macérer la jeune chair) ; le tulle d'une omelette légère ; le velours du bœuf en daube ; les artichauts à la barigoule, succulentes petites cassolettes d'où monte l'aromatique encens des garrigues et des potagers. Les confitures de coing sentent la rose. Le vin rosé sent la rose, aussi.» *(Beautés de la Provence)*

L'énumération de tous ces plats nous montre que la Provence a toujours de nombreuses ressources alimentaires. N'oublions pas que la foire de Beaucaire, carrefour du commerce méditerranéen, a duré de 1217 au milieu du siècle dernier, et Mistral, dans *l'Armana*

NATURE MORTE AU GIBIER. DESSIN DE J.-B. OLIVE.

NATURE MORTE AUX FRUITS. DESSIN DE J.-B. OLIVE.

INTÉRIEUR PROVENÇAL. DESSIN DE J. GARIBALDI.

Prouvençau de 1855, conseille aux Provençaux de cultiver fruits et légumes du terroir : «Marseillais, plantez des figues, gens d'Aix, binez les oliviers, Brignolais, greffez les pruniers, Salonnais, émondez les amandiers, Barbentanais, fumez les pêchers, Cabanais, faites des semis de poireaux, Châteaurenardais, ayez soin des pommes d'amour, gens de Saint-Rémy, arrosez les aubergines, Cavaillonnais, semez des melons, Mazanais, cueillez des cerises, Cujais, couvrez bien vos câpres, Cucuronais, écimez vos courges et gens de Pertuis, vantez vos poireaux, gens du Ventoux, fouillez vos truffes.»

Nous avons du gibier (même si la chasse au poste ne se pratique plus), les agneaux de Sisteron, le poisson de mer et de rivière (même si les aloses ont déserté le Rhône, on pêche toujours les carpes dans les étangs d'Istres), Marseille est toujours la capitale de l'orange et de la datte (même si les oranges ne débarquent plus en vrac sur le quai des Belges).

Maintenant, bien sûr, l'éventail des produits offerts s'élargit à vue d'œil, mais est-ce vraiment un progrès du point de vue du goût et de la gourmandise ? Rien ne nous empêchera, cependant, pour confectionner notre "cuisine des fêtes", d'utiliser les produits de la saison, les produits de la région.

Nous pourrions faire un tour dans la cuisine avant d'aller y travailler pour y retrouver ces ustensiles (le mot provençal est plus joli, "aquelis eisino") dans lesquels nos aïeules ont si longtemps cuisiné et que nous pouvons toujours utiliser : tenez, par exemple, les poêlons, daubières, marmites en terre (*li poueloun, oulo pèr l'adobo, pignato*) vont très bien sur le gaz avec un diffuseur et même sur l'électricité, si vous les avez choisis avec fond bien plat. Les bonnes vieilles poêles en fer, *li sartan*, marchent très bien sur le gaz (pas sur les plaques électriques, je vous l'accorde).

Evidemment, le filtre à sable marseillais qui était censé purifier l'eau n'est plus utile ; le beurrier et les gargoulettes en terre ont avantageusement été remplacés par le réfrigérateur ; bien sûr, le thermostat est plus pratique pour régler la chaleur de votre four que le procédé consistant à y poser un papier blanc et à examiner la couleur qu'il prenait en chauffant ! La cuisinière électrique est plus facile à manier que le feu dans la cheminée ou la niaffe (grille à charbon de bois) ; n'empêche que les châtaignes, les crêpes, les omelettes au feu de bois ont un autre parfum, et je sais la recette d'un plat au riz que je ne vous donnerai pas si vous ne me promettez pas de le faire dans la cheminée — sinon vous me diriez qu'elle n'est pas bonne !

Avez-vous un *frisadou* indispensable pour faire mousser à point votre tasse de chocolat ? Et un hachoir à main, dont le bruit rythmait la vie des ménagères, comme le raconte si bien Georges Arnaud : «Honorine maniait le hachoir. Ce n'était pas une lame à deux poignées que l'on fait osciller sans bruit, mais un couperet à manche très court dont on tapotait frénétiquement la planche de noyer (...). Ce n'était pas un bruit spécifique de l'hôtel, on percevait une sorte d'écho qui ricochait sur tous les murs du village. Il y avait même comme une émulation à vouloir hacher la première, certaines n'hésitant pas à commencer à l'aube. La cuisine locale fixait là une des règles strictes qui exigeait qu'un repas ne se prépare que des heures à l'avance, sinon ce ne serait pas grand chose que l'on offrirait aux siens pour le dîner !» (*Les moulins à nuages*)

Maintenant, on entend les robots...

Beaucoup de ces objets utilitaires que l'on trouvait dans nos vieilles cuisines ont fait leur réapparition avec la mode actuelle des "brocantes", mais souvent détournés de leur véritable fonction, transformés en pots de fleurs ou en lampadaires, quelle déchéance...

Allons, il faut quand même se mettre au travail ; mais attendez, encore un mot : dans la cuisine provençale aussi, il existe des "écoles" : tout le monde n'est pas d'accord sur l'exécution de certaines recettes, et cela donne lieu à d'intéressantes et interminables discussions, après lesquelles, d'ailleurs, chacun campe sur ses positions ! En voici quelques exemples. Bouillabaisse : avec pommes de terre ou sans pommes de terre ? avec rouille ou sans rouille ? Alouettes sans têtes (*paquetoun de biou*) : roussies ou non roussies ? Tomates farcies : cuites directement au four ou passées d'abord à la poêle ? Soupe au pistou : légendes et réalités sur son

origine ? carottes ou pas carottes ? La daube : avec vin ou sans vin ? Là, la discussion risque de s'envenimer... alors éloignons-nous et entrons dans le vif du sujet.

Mais vous savez qu'avant de se mettre à table, nos anciens avaient l'habitude de dire le *benedicite* ; il en existe de nombreuses versions : celui du Père Xavier de Fourvières :

Au noum dóu Paire e dóu Fiéu
E dóu Sant Esperit,
Que pèr la man de Jèsu-Crist
Noste repas sié benesi

Celui du marquis de Baroncelli :

Segnour, benesisse lou viéure
Que ta bounta nous semound (nous donne)
De tout mau gardo-nous deliéure
E sèmpre aguèn noste panoun

Par contre, celui de Montpellier n'est vraiment pas charitable :

Benedicte de Sant Guilhem :
Sian proun pèr manja ço qu'aven ;
Se quaucun dèu veni
Que se copo la cambo en camin !

A La Couqueto*, nous trinquons "à l'amitié", en chantant :

A la santa de Marìo,
de Jèsu e de Jousé.
An begu forço boutiho
E pamens, mi teni dre.
Plan, ran pa ta plan,
Ah ! quelo bello journado !
Plan, ran pa ta plan,
Rajouinisse de vint an !

* Groupe folklorique marseillais.

Par quelle fête allons-nous commencer notre voyage à travers la Provence ? Nos coutumes, très imprégnées de foi chrétienne, font grande place à toutes les fêtes religieuses et, la naissance étant le commencement de tout, voyons d'abord comment nous allons fêter Noël.

La Provence est certainement la région où les traditions – les unes très anciennes, les autres moins – se sont le mieux conservées ; nous pouvons les esquisser avant de donner des recettes.

La période "calendale" commence le 4 décembre et finit le 2 février. Le jour de Sainte-Barbe, on sème le blé (on trouve partout les petits sachets *ad hoc*) qui fera présage pour la prospérité de la famille. Ces champs miniature prendront place dans la crèche familiale, où les petits personnages d'argile (que l'on peut acheter aux nombreuses "foires aux santons" de la région) représenteront les habitants du village se rendant à la Crèche. Là, les artistes de la famille pourront donner libre cours à leur inspiration, mais les gourmands attendent leur tour, ne les faisons pas languir, car pour Noël, on peut se livrer aux plaisirs de la table : «Noël, mon bon, c'est le jour où on mange le plus de toute l'année», comme disait ce gamin dans les rues de Saint-Rémy, dans la jeunesse de Marie Gasquet, et puis c'est bien vrai que *Es pas tout l'an Nouvè*.

La tradition du "gros souper", ce repas du 24 décembre au soir, est encore bien vivante dans beaucoup de familles.

Au menu, sept plats maigres, en souvenir des sept douleurs de la Vierge Marie, et treize desserts.

BETHLÉEM. L'ADORATION, D'APRES RUBENS. DESSIN DE J.-B. MOULET.

D'après les enquêtes que nous avons faites au groupe "La Cou-queto" de Marseille et une recherche dans les meilleurs auteurs, la liste des plats signalés est longue, chaque famille, chaque terroir ayant ses propres traditions : soupe de crouzets (genre de pâtes) et crouzets au fromage dans la Gavotine ; soupe aux choux dans le Gard et à Bollène ; aux lentilles à Castellane ; de lasagnes dans la Drôme ; de chou-fleur au fromage, signalée par Marie Mauron. La soupe à l'ail, *l'aigo boulido*, est plutôt réservée pour le 25 au soir, pour ses vertus digestives et stomachiques.

Pas de viande, l'abstinence étant autrefois de rigueur, mais : des escargots en sauce rousse, chez Marie Gasquet, en fricot aux noix et aux anchois chez Marie Mauron, à l'ailloli, signalés par René Jouveau. L'anguille, que l'on ne trouvait à la poissonnerie de Marseille que pendant les jours précédant Noël : à la broche, en catigot, à la sauce au noix. La morue frite, en *raïto*, en bouillabaisse à Mazargues (banlieue est de Marseille), aux poireaux à Salon, en brandade. Les moules farcies à Toulon, le poulpe en daube à Marseille, le muge (mulet) aux olives, le cabillaud en sauce Raïto, le thon, le loup, la sole, la dorade.

Des légumes de saison, et principalement la carde, en sauce blanche, aux anchois ou à la crème. Les épinards en tian (gratins, spécialité comtadine), nature, avec de la morue, des œufs durs (signalés par Mistral sous le nom de *berlingueto*). Chou-fleur en vinaigrette ou à la crème, salsifis en sauce blanche, blettes, panais (sorte de gros navet à chair rosée, signalé aux Arcs, dans le Var, et dans la Drôme) et, en Camargue, un plat de lentilles. Comme salade, la chicorée frisée, mélangée à du céleri en branches ou du céleri *à l'anchouiado*.

Maintenant, les desserts, au nombre de treize, nous nous en expliquerons plus loin. Certains sont, pour ainsi dire, "obligatoires" : la pompe à l'huile, appelée, suivant les endroits, gibassier ou fougasse ; les nougats blanc et noir ; les quatre "mendiants" : amandes, figues, raisins secs, noix. A Marseille, les dattes, qui sont toujours conditionnées dans les ateliers marseillais pour toute l'Europe, et les oranges qui arrivent par bateau. Les mandarines figuraient d'autant plus qu'avec les peaux on faisait de très jolies

La foire aux santons à Marseille sous le Second Empire.
Dessin de Crapelet.

ANCIEN MARCHÉ DES CAPUCINS À MARSEILLE.

veilleuses dans la crèche ; mais, hélas, le "Memento des fruits et légumes" du Centre technique interprofessionnel des fruits et légumes nous les signale comme "espèces en voie de disparition". Combien je le regrette, l'odeur de la mandarine est pour moi si intimement liée aux souvenirs des Noëls de mon enfance ! Il y a encore les pommes, les poires, les melons d'hiver, *lou verdau* qui nous vient aujourd'hui d'Espagne, mais ça ne fait rien, il est toujours aussi vert ! Qui fait encore les "raisins pendus" au grenier, depuis le 8 septembre *Pèr Nosto Damo de Setèmbre lou rasin es bon à pèndre* ? J'ai aussi connu les "pistoles" de Brignoles (prunes jaunes séchées et aplaties) et les sorbes ; mais maintenant...

Nous avons aussi sur nos listes : les ganses aux Arcs, les *cacaraca* * en pâte briochée à Auriol, les tartes à tous les parfums dans le Comtat, les fougassettes au beurre à Orange, la tourte aux amandes à Reillanne, la tourte aux blettes à Nice, les beignets de pommes et le tian de poires à Bollène, *li nèulo*, les gaufres en pays d'Arles ; on m'a signalé, à Fontvieille, des petits gâteaux levés en forme de croix de Malte, mais sans me donner leur nom.

Il peut y avoir aussi des châtaignes grillées comme on nous les a signalées à Cogolin — la réputation des marrons du Var n'est plus à faire ! —, des dragées aux amandes ou au chocolat, des pâtes de coing, des fruits confits d'Apt. Mais la bûche ne figure pas dans nos traditions, même si certains la présentent comme une allusion à la pose du *cacho-fió* cette branche d'arbre fruitier que l'on pose (encore dans quelques familles) dans la cheminée, avant de s'attabler pour le Gros Souper.

Bien sûr, nous avons pour arroser tous ces plats, les bons vins de notre terroir, et avec le dessert, *lou vin kiue*, le vin cuit qui se fabrique toujours à Palette, près d'Aix, et les liqueurs faites à la maison, dont *lou sauvo-crestian* que certains présentent comme de l'eau de vie dans laquelle on a fait macérer des grains de raisin, d'autres comme un mélange de moût de raisin et d'eau de vie que l'on a fait fermenter.

L'esprit assez mystique de nos anciens a voulu trouver force

---

* Gâteaux en forme de coq

LA TOUR DE L'HORLOGE À COGOLIN. DESSIN DE MASSAY.

symboles dans tous ces plats : nous avons évoqué les sept douleurs de la Vierge, mais aussi, dans *l'aigo boulido*, cette sauge qui la dissimula aux soldats d'Hérode, et le "O" sur le noyau de datte : l'exclamation du Petit Jésus en voyant ce fruit. Pour manger les escargots : une épine d'acacia (Marie Gasquet) rappelle la couronne d'épines du Christ, ou un long clou neuf (Mistral), la crucifixion. La salade frisée serait une allusion aux cheveux frisés de l'Enfant Jésus (c'est, si j'ose m'exprimer ainsi, un peu tiré par les cheveux).

Quant aux treize desserts... d'abord est-ce une coutume ancienne et pourquoi treize ? pour représenter le Christ et ses douze apôtres ? n'aurait-elle pas pris naissance parmi les membres du "Crémascle", association marseillaise de la fin du XIXᵉ siècle ? Pourtant Marie Gasquet, née à Saint-Rémy vers 1870, écrit : «Il faut treize desserts, treize assiettes de friandises, douze qui versent les produits de la maison, du pays, du jardin, et la treizième, beaucoup plus belle, remplie de dattes.» Mistral, lui, «uno sequèlo de privadié requisto» (une quantité de friandises exquises). De toute façon, nous trouvons le symbole des quatre mendiants ou *pachichio* : amandes, carmes aux pieds nus ; figues sèches, franciscains ; raisins secs, *li passariho*, les dominicains ; noix, augustins. Symbole aussi la coutume de "rompre" la pompe : si on la coupe on est ruiné dans l'année ; souvenir du "pain rompu" à la Cène ?

Tout en réfléchissant à tout cela, nous allons préparer la table du Gros Souper ; nous serons nombreux car c'est vraiment le jour de la réunion de toute la famille. Nous mettrons d'abord trois nappes, disposées par grandeur décroissante. Pourquoi trois, souvenir des trois personnes de la Sainte Trinité ? une pour chaque service du repas ? une pour le Gros Souper, une pour le repas du jour de Noël à midi et l'autre pour le soir ?

En décoration, trois bougies, trois assiettes de blé, des têtes d'ail germées, du verbouisset (petit houx), mais surtout pas de gui, réputé porter malheur.

Mais pendant ce temps, les cuisinières s'affairent à leurs fourneaux, nous allons leur demander quelques recettes.

La soupe de chou-fleur au fromage
Soupo de caulet-flori au froumage

Coupez un chou-fleur (d'environ 400 g épluché) en bouquets, lavez-les bien, plongez-les cinq minutes dans une grande casserole d'eau bouillante salée dans laquelle vous aurez mis un croûton de pain. Au bout de ce temps, enlevez le croûton et égouttez. Mettez dans la casserole de cuisson 2 cuillers à soupe de farine, délayez avec 1 litre 1/2 d'eau, portez à ébullition ; ajoutez chou-fleur, sel, poivre, muscade. Laissez cuire couvert une trentaine de minutes, jusqu'à ce que le chou soit bien tendre, mais attention, cela risque de déborder à cause de la farine.
Pendant ce temps, disposez dans la soupière 12 tranches de pain de campagne rassis bien fines, alternées avec 50 g de gruyère. Lorsque le chou est cuit, passez au moulin, ajoutez une grosse noix de beurre cru, et versez ce bouillon bien chaud dans la soupière. Laissez gonfler quelques minutes avant de servir. On pourrait faire une liaison avec un jaune d'œuf et deux cuillers de crème, mais ce n'est pas indispensable.

Le cabillaud à la sauce raite
La merlusso fresco en raïto

Pelez et hachez 3 oignons ; écrasez une dizaine de cerneaux de noix ; écrasez 3 gousses d'ail sans les éplucher.
Faites chauffer 3 cuillers d'huile d'olive dans une sauteuse et faites-y blondir mais non roussir les oignons. Pendant ce temps, dans un bol, délayez 2 cuillers à soupe de concentré de tomates avec 2 cuillers d'eau chaude.
Saupoudrez les oignons avec une bonne cuiller de farine, laissez roussir en remuant constamment ; mouillez avec 4 dl de vin rouge auquel vous aurez fait donner un bouillon, puis l'eau tomatée, en continuant à tourner. Ajoutez ensuite : ail, noix, 2 pousses fraîches de fenouil, 4 brins de persil, un bouquet garni, bien du poivre, peu de sel. Laissez mijoter, couvert, feu moyen, 30 minutes.
Pendant ce temps, essuyez 6 tranches-portions de cabillaud, fari-

nez-les légèrement. Faites chauffer 7 à 8 cuillerées d'huile d'olive dans une poêle, faites cuire les tranches, à feu moyen, 5 minutes sur chaque face. Egouttez sur du papier-ménage. Mettez le poisson sur le plat de service, tenez au chaud.

Quand la sauce est cuite, passez-la à la passoire tamis, en pressant avec le pilon. Remettez-la sur le feu, en ajoutant 2 cuillers à soupe de câpres égouttés et une quinzaine d'olives noires (dénoyautées, si l'on veut). Vérifiez l'assaisonnement, faites donner quelques bouillons, nappez le poisson et servez.

Escargots comme à Mazargues
Li cacalauso a la Mazarguenco

Prenez 2 kg d'escargots ayant jeûné comme à l'habitude, lavez-les soigneusement, plusieurs fois, à l'eau froide courante ; éliminez ceux qui restent dans leur coquille. Ensuite mettez-les dans une bassine avec un bol de vinaigre et deux poignées de sel fin ; tournez-les bien dans ce mélange et laissez-les séjourner dedans un moment puis rincez-les soigneusement.

Mettez-les dans une marmite d'eau froide et portez à ébullition, laissez bouillir quelques instants, jetez cette eau, lavez les escargots à l'eau chaude.

Remettez-les sur le feu, largement couverts d'eau chaude ; ajoutez : sel, poivre en grain, un bon bouquet garni avec écorce d'orange et fenouil. Laisser bouillir, couvert, à petit feu pendant trois heures.

Pendant ce temps, hachez - séparément : 4 gousses d'ail, 2 oignons, 4 brins de persil.

Egouttez une boîte de tomate au naturel de 4/4, mais gardez le jus (ou bien pelez et épépinez 3 belles tomates fraîches), et coupez-les en morceaux.

Les escargots étant cuits, égouttez-les, faites chauffer 4 cuillerées à soupe d'huile d'olive dans un poêlon ; faites-y revenir l'oignon haché, puis 200 g de chair à saucisse, enfin l'ail, le persil, 4 cuillerées à soupe de coulis ; délayez avec les tomates et leur jus, et 1/2 litre de vin blanc sec chauffé.

Ajoutez les escargots et de l'eau chaude de façon à ce qu'ils soient

juste couverts, salez, poivrez largement.
Faites cuire couvert à petit feu une heure.
Faites alors une liaison avec une cuillerée à soupe de farine, véri-
fiez l'assaisonnement et servez dans le poêlon.

Les petits poulpes à la tomate
Li pourprihoun i poumo d'amour de Jorgi

Triez 1 kg 1/2 de petits poulpes ou de petites seiches ; une fois
triés, il en restera 1 kg (actuellement, on en trouve des congelés).
Hachez finement un gros oignon. Lavez et pelez 4 grosses
tomates (ou bien ouvrez et égouttez une boîte de 4/4 de tomates
au naturel), épépinez, hachez grossièrement.
Mettez dans un poêlon : les pourprions, 2 cuillerées à soupe
d'huile d'olive, l'oignon, 2 gousses d'ail, un bouquet garni avec
fenouil, les tomates, une petite boîte de coulis, une tablette de
bouillon délayée dans un verre d'eau, un petit verre de vin blanc
sec, un petit verre de vin rouge, 2 sucres, 2 boîtes de safran, bien
du poivre moulu, pas trop de sel (vous vérifirez l'assaisonnement
en cours de cuisson pour en rajouter éventuellement).
Faites partir à feu vif, couvert, et faites cuire une petite heure en
surveillant bien car cela aurait tendance à attacher : baisser un
peu le feu si nécessaire.
Lorsque la cuisson est achevée, délayez 2 cuillerées à soupe rases
de farine dans un bol avec un bon verre d'eau et versez cette
liaison dans la sauce. Faites reprendre le boût et laissez bouillir
dix minutes.
Faites alors chauffer un verre à liqueur de cognac dans une
petite casserole, versez-le sur les pourprions en train de bouillir
et faites flamber.
Le plat est prêt à être servi et là vous avez plusieurs solutions : le
présenter dans un plat creux, accompagné de riz blanc, le verser
dans une croûte en pâte feuilletée, ou garnir des petites bar-
quettes ovales en pâte brisée. De toute façon, cela sera apprécié.

Le mulet aux olives
Lou muge is óulivo

Ecaillez et videz un mulet de 1 kg, sans oublier d'enlever la membrane noire, lavez, essuyez.
Enlevez la tête et coupez le corps en 6 tronçons.
Hachez 2 gousses d'ail et un bouquet de persil. Préparez le jus d'un citron. Dénoyautez 1 hecto d'olives vertes et blanchissez-les.
Faites chauffer 4 cuillerées à soupe d'huile d'olive dans une sauteuse, faites-y très légèrement revenir l'ail et le persil ; mettez ensuite les morceaux de poisson et faites-les bien passer dans l'huile sur toutes leurs faces. Saupoudrez d'une cuillerée à soupe de farine, mélangez, mouillez avec le jus de citron et de l'eau chaude juste à couvert, ajoutez le sel, une petite boîte de safran et les olives.
Faites mijoter à petit feu pendant 15 minutes, vérifiez l'assaisonnement et servez.

Le gratin d'épinards à l'arlésienne
Roussin d'espinarc a l'arlatenco

Hachez finement un bel oignon ; hachez séparément une poignée de persil et 2 gousses d'ail. Faites durcir 4 œufs, écalez et coupez en grosses tranches.
Triez et lavez deux kilos d'épinards. Faites-les blanchir à grande eau non salée, égouttez très soigneusement et hachez finement.
Faites dorer l'oignon dans une sauteuse avec 4 cuillers à soupe d'huile d'olive. Ajoutez les épinards, donnez quelques tours, puis l'ail, le persil, 2 cuillerées à soupe de farine et mélangez bien. Mouillez avec du lait bouillant jusqu'à consistance de purée. Salez, poivrez, ajoutez un peu de zeste de citron. Mélangez délicatement les tranches d'œuf.
Huilez légèrement un plat à gratin, versez la préparation, égalisez le dessus, saupoudrez de chapelure, arrosez d'un filet d'huile d'olive. Mettez au four pas trop chaud une trentaine de minutes ; la chapelure ne doit ni brunir ni durcir.

UNE RUE D'ARLES. DESSIN DE RAYNAUD.

Le nougat blanc

*Pour obtenir une barre de nougat de 700 g environ : Mondez
200 g d'amandes, laissez-les en attente à la bouche du four ; préparez le moule (bac à glaçons) en le garnissant de papier azyme.
Montez en neige très ferme le blanc de 3 œufs. Mettez dans une
casserole 250 g de sucre en poudre avec un petit verre d'eau, et
dans une autre 250 g de miel de pays blanc.
Laissez cuire le sucre dix minutes, puis chauffez le miel sur un
autre feu ; laissez cuire le tout en tournant le miel et surveillant.
Au bout de dix minutes environ, une goutte de miel et une de
sucre, tombant dans un verre d'eau froide, doivent faire une
boule assez ferme.
Vous sortez les casseroles du feu, mélangez les 2 préparations, et
versez le tout avec précaution sur les blancs en tournant jusqu'à
ce que le mélange soit parfaitement homogène.
Mettez alors ce mélange mousseux et léger dans une casserole
sur feu doux, et cuisez 45 minutes environ, en tournant lentement et régulièrement. Il faut que la masse, bien ferme et difficile à travailler, ait un peu blanchi.
Quand le mélange est prêt, incorporez les amandes tièdes et 50 g
de pistaches. Tournez encore quelques minutes hors du feu puis
versez dans le moule, égalisez le dessus, posez une feuille de
papier dessus, une planchette et un poids léger, démoulez lorsque
le nougat est encore tiède ; sa réussite est une affaire de patience.*

Le nougat noir
Lou nougat nègre

*Beurrez très légèrement le moule (bac à glaçons) et mettez-le au
frais. Versez dans un poêlon 500 g de miel de pays dur. Mettez
sur feu doux, au bout de 5 à 6 minutes, il commence à fondre et à
bouillir ; ajoutez 250 g d'amandes non mondées, par poignées.
Au bout de 8 à 9 minutes, l'ébullition recommence, une mousse
se forme sur le dessus ; laissez bouillir, feu doux, une trentaine de
minutes, en tournant sans arrêt. Lorsque le miel commence à*

foncer, vérifiez la cuisson : une goutte de miel tombant dans un verre d'eau froide fait une boule ferme. Enlevez immédiatement du feu, et continuez à tourner pendant une dizaine de minutes.
Garnissez votre moule de papier azyme, verser le nougat, sans trop tasser, mais en remplissant bien ; posez une feuille du même papier dessus, un léger poids. Ne tardez pas à démouler lorsque c'est un peu refroidi. Le nougat obtenu est dur et doit être conservé au frais.

Les pompettes au beurre
Li fougassetto

Délayez 50 g de levure de boulanger fraîche avec un peu d'eau tiède, coupez 200 g de beurre en petits morceaux, mettez-le à fondre doucement au bain-marie.
Mettez 1 kg de farine dans un grand saladier, faites la fontaine, mettez au milieu une pincée de sel, 100 g de sucre en poudre, la levure, le beurre ramolli, 4 cuillers à café d'eau de fleurs d'oranger, et pétrissez en ajoutant de l'eau tiède, jusqu'à obtention d'une pâte assez molle. Mettre un torchon sur le saladier et laissez lever pendant une heure.
Préparez ensuite, avec une cuiller à soupe, de petits tas de pâte de la dimension d'un œuf, sur une surface farinée.
Sur la planche, abaissez chacun de ces morceaux à l'épaisseur d'un centimètre, d'une forme ovale d'environ 15 cm. Posez sur la plaque du four graissée, entaillez en travers de 2 traits avec la roulette ; dorez, enfournez environ 30 minutes, thermostat 200°.

Les gaufres
Li neulo

Il vous faut un gaufrier en fonte, à l'ancienne, mais on fait maintenant de très bons gaufriers électriques. Pour 40 gaufres environ : mélangez dans un récipient 1 kg de farine, 500 g de beurre fondu, 10 g de levure, 50 g de sucre, une pincée de sel.

Tournez en ajoutant de l'eau petit à petit de façon à obtenir une pâte assez fluide, laissez reposer au moins 2 heures.

Chauffez bien le gaufrier, avec un pinceau graissez-le à l'huile, mettez une petite louche de pâte, de manière à remplir le fer sans déborder, fermez le gaufrier, faites cuire des deux côtés, à peu près 3 à 4 minutes de chaque côté. La forme classique est de donner à la gaufre une allure de cornet, puis de la saupoudrer de sucre.

Le gibassier de Lourmarin

Délayez dans un peu d'eau tiède 2 paquets de levure de boulanger. Mettez 1 kg de farine dans un saladier, faites la fontaine, mettez au milieu : 400 g d'huile d'olive, 400 g de sucre, 1 pincée de sel, 1 cuiller à soupe de grains d'anis, et la levure. Pétrissez du bout des doigts, en aérant bien la pâte et en ajoutant petit à petit de l'eau tiède, de façon à obtenir une belle pâte bien souple. Formez quatre gâteaux et laissez lever plusieurs heures. Au moment d'enfourner, 1/2 heure à peu près, 150/200°, dorez au café sucré.

Après ce bon souper, toute la famille va à la Messe de Minuit. Mais auparavant, il y avait une coutume que je trouve très touchante : cette nuit-là, *lis armeto*, les âmes des ancêtres, reviennent, dit-on, voir leur maison, et les miettes du repas qu'on laisse sur la table leur disent : "Bienvenue, vous êtes toujours chez vous", beau symbole d'accueil et d'esprit de famille.

Le réveillon n'est absolument pas dans nos coutumes, et au repas du jour de Noël, la dinde est au menu, comme partout ailleurs !

CRÈCHE PROVENÇALE EN LIEGE

En janvier nous voyons les rois mages arriver dans la crèche, le 6, jour de l'Epiphanie. Regardez bien le temps de ce mois, car *Secaresso de Janvié, richesso de masié* : à temps sec, bonnes récoltes.

La tradition était, chez nous, d'envoyer les enfants au devant des rois mages, comme le raconte si joliment Mistral dans ses *Mémori*. Les enfants ne vont plus accueillir les rois, mais la galette se déguste toujours et beaucoup de familles ont gardé la coutume de faire désigner par le plus jeune enfant à qui revient chaque part. Qui aura la fève ? On "tire les rois" non seulement en famille, mais aussi dans les associations et même quelquefois les bureaux, et le rôle du "roi de la fève", très honorifique dans les temps anciens, se borne surtout actuellement... à payer le prochain gâteau !

Le gâteau des rois de Joune
Lou reiaume

Pour dix personnes. La préparation de la pâte s'étale sur 24 heures ; c'est à four moyen que vous cuirez le gâteau pendant 20 à 30 minutes. Dans une terrine, mélangez 500 grammes de farine, 200 g de sucre, une pincée de sel, 4 œufs battus. Ajoutez ensuite 25 g de levure de boulanger que vous aurez diluée dans un peu de lait tiède, 150 g de beurre ramolli. Mélangez le tout soigneusement, mais assez rapidement ; la pâte obtenue doit être un peu ferme. Laissez lever la pâte, dans un saladier recouvert d'un torchon, toute la nuit, dans le tiroir à légumes du réfrigérateur. Le matin, sortez-la et faites-la retomber en la battant vigoureusement. Laissez reposer dix minutes, puis formez-la en couronne sur la plaque du four graissée et laissez-la remonter à nouveau.

Dorez-la soit au jaune d'œuf, soit à l'œuf entier battu. Le meilleur parfum est 100 g d'écorce d'orange confite hachée incorporée à la pâte. Si vous voulez garnir la couronne de fruits confits, il faut l'abricoter : faites cuire 4 cuillers de confiture d'abricot délayées dans 4 cuillers d'eau, jusqu'à ce que le mélange devienne un peu pâteux ; enduisez le gâteau avec un pinceau et collez dessus les fruits confits.

Marche des Rois

De matin
Ay renscontra lou trin
De tres grand rei qu'anavoun en vouyage
De matin
Ay resconntra lou trin
De tres gran rei Dessus lou grand camin
Ay vis d'abord
De gardo cor
De gen arma emé uno troupo de pagi
Ay vis d'abor
De gardo cor
Toutei dooura dessu sei just'oou cor

Sei drapeou
Leis arnès dei cameou
Ei ventoulé servien de badinagi
Seu drapeou
Leis arnès dei cameou
Fasien da luen un effet dei plus beau

Arrive le 2 février, la Chandeleur, la Candelouso, ainsi nommée, m'avait dit une vieille amie mazarguaise, parce qu'il y avait des chandelles de glace au bord des toitures : probablement en tuiles romaines et dépourvues de gouttières ? Evidemment, le temps n'est pas réputé être beau ce jour-là : *Pèr Nosto Damo dóu fuè nòu, se noun nèvo, plòu* : "pour N.-D. du feu nouveau, s'il ne neige pas, il pleut".

Les Marseillais vont dès le matin à l'abbaye Saint-Victor faire leurs dévotions à la Vierge Noire, Notre-Dame du Feu Nouveau (et non du fenouil, comme le traduisent certains Philistins !). Ils se munissent du cierge vert qui protège de l'orage et facilite les accouchements, puis se précipitent en foule au Four des Navettes, où, depuis 1781, on fabrique cette pâtisserie dont une fournée est bénie, chaque année, par le clergé de la paroisse.

En forme de navire, est-elle un souvenir de la barque des saintes Maries ? de la barque de la déesse Isis ? ou un symbole de prospérité ? En tout cas, une idée de mon amie Germaine pour la joie des enfants et la tranquillité des parents : organiser en famille un concours de navettes habillées en papier crépon !

A Barbentane, ce jour-là, à la place de la crèche, il y avait dans l'église un tableau de la présentation de Jésus au Temple ; les fidèles avaient des cierges et offraient, dans un panier, des petits pains longs. Même cérémonie à Château-Renard ; à Fuveau, c'étaient des petits pains briochés ; nos amis de Séguret (Vaucluse) nous donnent des détails : «Le jour de la Chandeleur était à Séguret le jour des pains bénits. Les jeunes filles de la chorale parcouraient la campagne pour "porter les pains bénits" et recueillir, en échange, une offrande pour la paroisse. Plus tard, cette coutume s'est perdue et l'on vendait seulement des brioches à l'anis au sortir de la messe où elles avaient été bénies. Une distribution de mini-brioches avait lieu au moment de la quête : un clergeon distribuait les petits pains, tandis que l'autre recevait les sous des fidèles. Les enfants aimaient bien cette fête-là.»

L'Abbaye de Saint-Victor à Marseille.

Les petits pains de la Chandeleur à Fuveau
Li panet de Candelouso à Fuvèu

Mettez dans une terrine 250 g de sucre en poudre et 4 blancs d'œuf, battez longuement à la fourchette, puis tamisez dedans 300 g de farine en tournant avec une spatule en bois. Vous devez obtenir une pâte assez souple, mais qui se tient quand même, que vous laissez reposer 2 heures dans un endroit chaud.

Ensuite, à l'aide de deux petites cuillers que vous passez sous l'eau froide, vous faites tomber sur la plaque du four graissée de petites boules que vous façonnez ensuite avec un pinceau mouillé, afin qu'elles soient bien rondes. Faites cuire 1/2 heure environ, à four moyen ; elles ne doivent pas dorer. Décollez à la spatule et laissez refroidir.

Les petites brioches à l'anis de Séguret

Mettez dans un saladier 350 g de farine et 2 paquets de levure chimique, mélangez bien. Faites la fontaine et mettez au milieu : 4 œufs battus, 100 g de beurre fondu, 2 pincées de sel, 40 g de sucre en poudre, 2 cuillers à soupe rases d'anis vert, délayez rapidement avec quelques cuillers de lait, de façon à obtenir une pâte assez ferme.

Beurrez au pinceau des petits moules, remplissez-les à moitié, cuisez à four moyen environ 20 minutes ; attendre quelques minutes avant de démouler.

Les navettes de tante Mimi

Mettez dans un saladier 750 g de farine mélangée avec 1/2 paquet de levure chimique ; faites la fontaine, mettez au milieu 70 g de beurre ramolli, 3 œufs battus, une pincée de sel, 350 g de sucre en poudre, 1 cuillerée à soupe d'eau de fleur d'oranger. Mêlez le tout, d'abord à la spatule, en partant du milieu, puis avec le bout des doigts, en rajoutant un peu d'eau si nécessaire pour obtenir une pâte bien liée.

Formez une trentaine de gâteaux en forme de bateau, dont vous façonnez les 2 extrémités en pointe et évidez le milieu avec la pointe d'un couteau. Ces gâteaux ne se dorent pas et cuisent à four moyen une vingtaine de minutes. Dès la sortie du four, détachez-les de la plaque avec une spatule métallique.

Comme le temps passe vite, nous voici déjà aux Jours Gras, précédant le carême et les fêtes de Pâques. Lorsque le carême était vraiment une période de pénitence – même si le temps n'était plus où Charlemagne punissait de mort la rupture non justifiée du jeûne ! – on s'y préparait par quelques jours de bombance ; comme dit le proverbe, *Pèr Carémentrant, cadun manejo sa sartan* : chacun fait travailler sa poêle.

Parmi les plats traditionnels, on trouve la soupe au chou dans le Gard, aux haricots à Moustiers. A Brignoles (Var), jusqu'en 1939, les hommes allaient au cabanon manger la gangasso, la brandade de morue un peu salée et qui portait à boire, d'où le dicton : *Un bon gangassaire dèu marcha de caire* : un bon mangeur de gangasse doit marcher de travers. Le soir il y avait bal et à minuit, on mangeait la soupe au fromage. A Grans (B.-du-Rh.), c'était au cabanon aussi que les hommes allaient manger les escargots et la saucisse salée. Dans certaines familles marseillaises, on mangeait les pieds et paquets, dans d'autres l'ailloli ou l'omelette.

Côté douceurs, nous avons toujours à Marseille, juste pendant quelques jours, les petites "tartelettes du Carnaval" en pâte feuilletée, garnies de confiture rouge ou de crème pâtissière. Un peu partout, on fait des oreillettes "à pleines banastes", des crêpes – notre ami Françis de Draguignan vous parle toujours avec nostalgie de celles que lui faisait sa mère ! –, des beignets, dont Marcel Provence écrit : «Les beignets sont, parmi les entremets sucrés de la Provence, les meilleurs. Tous nos fruits les fourrent de nourritures fraîches et allègres diverses suivant les palais : beignets d'abricots et de pêches en Luberon et au Comtat, beignets aux amandes et beignets de pain à Aix, beignets de pommes et de poires en Haute-Provence, et en pays gapian, beignets de fruits sauvages les années de disette, beignets de fruits confits les années de bonheur, beignets marseillais aux fruits importés : ananas, pistaches, bananes, raisins de Corinthe. La Provence va même jusqu'aux beignets de fleurs : beignets de lys, fleurs d'acacia, fleurs de courge, mais n'a plus conservé les fleurs de sureau des anciens.» J'en demande pardon aux mânes du pauvre cher Marcel, je fais des beignets de fleurs de sureau et c'est très bon ; on pourrait utiliser aussi les fleurs fraîches du tilleul.

MARION NAZET

Cuisine & fêtes
en Provence

Édisud

LE TILLEUL.

Soupe au chou comme dans le Gard
La soupo de caulet

Nettoyez un chou de Milan pas trop gros, coupez-le en lamelles ; épluchez 6 pommes de terre, coupez-les en tranches épaisses ; épluchez 6 gousses d'ail.

Mettez le tout dans une marmite avec 100 g de lard gras, du sel, du poivre, et laissez cuire petit feu, couvert. Au bout d'une heure et demie à 2 heures, mettez un bon morceau de saucisse à cuire et continuez à laisser mijoter, pendant encore une petite heure.

Une demi-heure avant le repas, râpez un hecto de gruyère et coupez 2 tranches fines par personne (dans le Gard, des "trempes") d'un pain de campagne rassis.

Disposez dans la soupière la moitié du pain, le gruyère, le reste du pain et versez dessus la soupe : bouillon, chou, lard, pommes de terre, mais tenez au chaud les saucisses que l'on mangera après. Arrosez d'huile d'olive, couvrez la soupière, passez au four et servez. Autrefois, dans certaines fermes, il y avait un tiroir sous le foyer de la cheminée et c'était là que la soupe se bonifiait.

Mais mon amie Jeanne, qui lit par-dessus mon épaule, soupire et dit : «Trois choses vont vous manquer pour que cette soupe soit vraiment ce qu'elle doit être : la qualité de l'eau, celle de Vers est la meilleure ; la qualité du lard, qui doit être légèrement rance, c'est ainsi qu'on le mangeait toujours dans les bonnes maisons où l'on avait beaucoup de provisions d'avance ; le proverbe le dit bien, d'ailleurs : *Lard vièi, bono soupo* ; et puis, vous n'avez plus cette bonne vieille cuisinière en fonte où l'on pouvait laisser mitonner longuement la soupe...» Enfin, tant pis, bon appétit quand même !

La soupe aux haricots comme à Moustiers
La soupo de faiòu

Certains préconisent 12 heures de trempage pour les haricots, d'autres ajoutent simplement quelques pincées de bicarbonate à l'eau de cuisson. De toute façon, il faut mettre vos 500 g de

LES BORDS DU PETIT RHONE PRES DE SAINT-GILLES (GARD). DESSIN DE E. THIEUX.

haricots (cocos ou chevriers) à grande eau froide, les laisser bouillir quelques minutes, jeter cette eau et la remplacer par 2 litres 1/2 d'eau bouillante. Ajoutez une bonne couenne de lard de 200 g (que vous aurez ébouillantée au préalable), une carotte, un poireau, une belle branche de céleri, un bouquet garni avec 5 branches de persil, sel, poivre.

Laissez cuire jusqu'à ce que couennes et haricots soient parfaitement tendres : 3 heures en casserole, 1 heure en cocotte à vapeur. Mettez la couenne de côté, passez la soupe au moulin à légumes (pas au mixeur).

Vers la fin de la cuisson, vous avez mis dans une autre casserole 3 cuillers à soupe d'huile d'olive, une poignée de persil haché, 3 gousses d'ail ; vous laissez légèrement revenir, puis vous ajoutez 2 cuillers à soupe rases de coulis de tomate, donnez quelques tours, puis mettez la purée de haricots, le bouillon de cuisson, la couenne coupée en morceaux, vérifiez l'assaisonnement, laissez mijoter 10 minutes et servez avec des croûtons frits. Vous pouvez frire les croûtons à l'huile d'olive, mais je les aime bien aussi frits dans moitié margarine, moitié saindoux.

Je parie que vous ne savez pas ce que ça veut dire, "faire la saumo". "Lou felibre de la Lègo" nous l'expliquait très bien dans *Lou Rampèu* de 1905 : au soir du mardi-gras, il ne devait plus rester de gras dans la maison ; les ménagères faisaient cuire toute la viande qui ne pouvait pas se conserver jusqu'à Pâques et on "faisait la saumo" c'est-à-dire qu'on mangeait tout ce gras avant minuit. Une année, chez les grands-parents du félibre, il restait beaucoup de boudin, et on craignait qu'il ne soit gaspillé, mais le valet de ferme, Jacot, arriva, à lui tout seul, à manger 32 morceaux de boudin et tout son jus. Il faut lire en provençal la conclusion, je vous traduis :

«A minuit moins le quart, quand il eut fini, Jacot se signa comme un bon chrétien qu'il était, et aux autres valets, qui n'en revenaient pas et qui avaient attendu pour déguster tous ensemble un grain de raisin à l'eau de vie, notre valet dit, en se tapant sur la panse : "Maintenant, mes amis, nous pouvons attendre les saucissons de Pâques !" »

VUE DE FORCALQUIER.

Je ne vous donne pas la recette pour faire votre boudin, mais je l'ai si cela vous intéresse. Par contre, je vais vous donner une recette peu orthodoxe mais qui est à essayer :

Omelette au boudin
Troucho au boudin

Faites griller du boudin, enlevez-en la peau, réservez le sang cuit. Travaillez les jaunes de 8 œufs avec le boudin écrasé à la fourchette et 2 cuillers à soupe de crème double. Fouettez les blancs pour les rendre mousseux, mélangez le tout. Faites cuire à la poêle comme d'habitude.

Recette du "Livre des petits ménages", 1894

Dans le Midi et dans les montagnes des Cévennes, on enlève soigneusement la peau du boudin et l'on fait frire chaque morceau (de 5 à 6 cm) dans de la graisse bouillante, avec un mélange de petits morceaux de foie, de mou et une garniture de pommes de terre, d'oignons ou de pommes reinettes. Ce mélange d'un fruit toujours un peu sucré avec un corps gras paraît au premier abord devoir être fort mauvais ; j'ai vu cependant presque toutes les personnes qui en ont essayé le trouver agréable au goût et cette garniture, à cause de son acidité, a l'avantage d'être plus légère à l'estomac que les pommes de terre ou les oignons.

Les beignets
Li bougneto

Proportions pour 18 à 20 beignets : Mettez dans une terrine 125 g de farine ; faites la fontaine, mettez-y un jaune d'œuf, une pincée de sel, 1/2 verre d'eau tiède. Tournez à la spatule en bois en partant du centre et en faisant tomber la farine petit à petit, en tournant sans battre ; la pâte doit être lisse, assez coulante pour quitter la cuiller sans effort tout en la masquant parfaitement ; ajouter, tout en tournant, le peu d'eau nécessaire. Laissez reposer 2 heures. Au moment de l'emploi, battre le blanc en neige ferme et mélanger. Une cuiller à soupe d'huile rendrait la pâte un peu plus croustillante.

Beignets de fleurs d'acacia

Ils ne le cèdent en rien aux beignets de roses. Vous procédez de la même manière que pour les beignets de feuilles de vigne, en ayant soin de choisir de jolies grappes de fleurs. Vous laissez cuire vos beignets jusqu'à ce qu'ils soient suffisamment colorés. On dresse en montagne, puis on saupoudre de sucre. Le parfum de la fleur d'acacia se conserve en partie dans cette préparation ; de plus, cette friture produit un effet charmant.

Beignets de fleurs de sureau

Ils se font de la même façon. On cueille les fleurs bien épanouies, on trempe l'ombelle entière dans la pâte, on jette dans la friture bouillante et on sert saupoudré de sucre.

La pâte à crêpes
La pasto per li crespo

Pour 2 douzaines de crêpes moyennes : Tamisez 250 g de farine dans un saladier, faites la fontaine, mettez au milieu 2 bonnes pincées de sel fin, 2 cuillers à soupe de sucre en poudre, 2 cuillers à soupe d'huile, 1/4 de litre de lait. Travaillez à la spatule en bois en partant du centre. Quand toute la farine est incorporée, travaillez le mélange vigoureusement pour obtenir une pâte très lisse ; battez alors à la fourchette 3 œufs, que vous incorporez à la pâte, puis encore à peu près 1/4 de litre de lait. Parfumez avec citron, vanille ou rhum. Laissez reposer 2 heures avant de cuire les crêpes. Connaissez-vous ce truc pour graisser la poêle : coupez une pomme de terre en 2, piquez-la au bout d'une fourchette, trempez le côté dans l'huile et graissez la poêle.

MANUEL

DE LA

CUISINIÈRE PROVENÇALE,

CONTENANT

la préparation et la conservation des aliments
particuliers à la Provence ;

Suivi de la

CUISINE BOURGEOISE,

De l'Office et de quelques indications pour le choix et
la conservation des vins de table.

MARSEILLE,

IMPRIMERIE ET LIBRAIRIE DE P. CHAUFFARD,
Place Noailles, n° 24.

———

1858.

Pour la Mi-Carême, nous allons nous laisser tenter par le pâté de thon que monsieur Thiers appréciait particulièrement ; il était, d'ailleurs, très amateur de cuisine provençale. Voici comment il en parlait dans une allocution familière à la table d'un procureur général à la cour d'Aix : «A l'époque où les thons viennent réaliser dans les madragues provençales la pêche miraculeuse de l'évangile, Remondet, le maître d'hôtel de *La mule noire* à Aix, un rival de Carême, a soin de m'envoyer à Paris un pâté de thon, suivi de bien d'autres, où se déploie son talent culinaire. C'est vraiment un jour de fête pour nous, à la maison que celui de l'arrivée du chef-d'œuvre attendu ! Au reste, à la distance où je suis de mon pays natal, je ne fais pas moins fête aux plats de la Provence. Ainsi la bouillabaisse que le poète Germain a chantée et décrite en charmants vers provençaux où Vénus tient le trisson, même l'ailloli qui fait faire des gestes et arrache des cris d'indignation aux gens du Nord, tous ces plats marseillais se montrent fréquemment sur ma table. Nous n'oublions pas la brandade, dans la confection de laquelle excelle le cuisinier de Mignet, l'humble reito, une sorte de matelote marseillaise, se glisse aussi timidement sur ma table, avec sa sauce où une main exercée a distribué les oignons et les tapènes* ; nous avons un faible pour les anchois.»

Le pâté de Carême
Lou pastis de Carémo

L'avant-veille : Confection de la pâte à dresser : pour un moule rond de 25 cm de diamètre, mettez dans un saladier 400 g de farine, faites la fontaine, mettez au milieu 175 g de margarine (ou de beurre) coupée en petits morceaux, travaillez du bout des doigts pour obtenir du "sable". Refaites la fontaine, mettez au milieu 1 œuf, 1 cuillerée à café de sel fin, un dl d'eau tiède et travaillez en intégrant peu à peu la farine. Il faut obtenir une pâte assez ferme mais qui doit rester onctueuse. Fraisez-la 3 fois, reformez en boule, roulez dans un linge humide, mettez au frais.

* Câpres (*Tapeno* en provençal)

Préparation de la farce à quenelles

Mettez dans un saladier 2 grosses poignées de mie de pain frais, arrosez avec un bol de lait tiède, laissez gonfler.
Faites pocher une dizaine de minutes 900 g de poisson blanc, nettoyez, hachez très finement les chairs et broyez-les au pilon. Mettez 50 g de beurre dans une casserole, faites-y dessécher la mie de pain bien essorée en tournant avec une cuiller en bois. Ajoutez 2 jaunes d'œuf durs écrasés. Mêlez le tout à la chair du poisson, mélangez bien au pilon. Continuez à mélanger en incorporant 200 g de beurre coupé en tout petits morceaux. Assaisonnez de haut goût et terminez en incorporant 1 œuf entier et 2 jaunes. Couvrez le récipient, mettez au frais.

Préparation de la garniture

Otez la peau d'une tranche de thon frais de 400 g (à défaut, utilisez thon ou saumon au naturel). Coupez en filets, mettez dans une terrine avec 8 filets d'anchois, peu de sel, bien du poivre, du quatre-épices, du thym, du laurier. Couvrez, mettez au frais.

La veille

Beurrez le moule. Etalez en rond les 3/4 de la pâte, épaisseur 2 cm. Avec ce rond, garnissez le moule régulièrement, en collant bien la pâte sur le bord du moule. Garnissez le fond avec le tiers de la farce à quenelle. Posez dessus la moitié du thon et des anchois, bien régulièrement, sans laisser de vides. Recouvrez avec la moitié de la farce restante, puis le reste des filets, enfin le reste de la farce. Recouvrez d'une mince couche de beurre. Coupez régulièrement la pâte qui déborde du moule en prévoyant un repli de 2 cm que vous retournez sur la farce. Mouillez tout le tour et posez dessus un rond de pâte. Collez bien ces 2 parties, faites une cheminée avec un morceau de carton, quelques décorations avec la pâte restante, dorez au jaune d'œuf. Mettez au four "un peu gai" (200° - thermostat 6/7) et laissez cuire pendant

2 heures. Quand le pâté est sorti du four depuis 1/4 d'heure, introduisez par l'orifice un petit verre de Madère, puis supprimez le carton. Laissez refroidir, mais surtout pas au réfrigérateur.

Le jour du repas

Démoulez et servez avec une salade verte.

LA PECHE AU THON.

LES RAMEAUX DES ENFANTS À TOULON EN 1853.
DESSIN DE H. VALENTIN D'APRES LETUAIRE.

Soun pas bon crestian lis oustau
Ounte se manjo ges de cese pèr Rampau

Elles ne sont pas bonnes chrétiennes, les maisons où l'on ne mange pas de pois chiches pour les Rameaux : c'était une coutume bien établie : *li cese ou pese pounchu*, les pois chiches, devaient figurer au menu le jour des Rameaux. Bien sûr, si nous en cherchons l'origine, nous en trouvons plusieurs versions : parce que ce légume n'est pas trop lourd à digérer ? parce qu'il préserve des furoncles ? ou bien, raison mystique, parce que la semaine de la Résurrection, on donne la préférence à un légume qui est le plus souvent seul dans une gousse unique, rappelant le Saint Sépulcre où l'on a enseveli le Seigneur ? ou parce que, au XIVᵉ siècle, une famine sévissait en Provence et que le roi de Sicile envoya deux bateaux de pois chiches au secours des Provençaux ? Mais la légende dit aussi que cela s'est passé à Marseille en 1418 ? Et l'on pourrait encore évoquer, avec Mistral, la légende du "champ des pois chiches" à côté de Jérusalem, où il n'y a plus que des pierres depuis que le paysan a refusé une poignée de ce légume au Christ ?

Le Manuel de la cuisinière provençale publié à Marseille en 1858, à l'imprimerie Chauffard, écrit : «Le pois chiche n'est pas un légume très délicat, mais on le mange quelquefois en salade et il est peu de tables bourgeoises en Provence où ce plat n'apparaisse pas le jour des Rameaux. C'est un usage dont il serait difficile de trouver l'origine, mais qui est généralement répandu dans nos contrées. Les bonnes femmes prétendent que leurs enfants auraient la teigne s'ils ne mangeaient pas des pois chiches le dimanche qui précède celui de Pâques. Nous n'avons pas besoin de combattre cette singulière croyance ; bornons-nous à la recette pour faire cuire ce légume.»

Mais n'oublions pas, pour les enfants, les rameaux, autrefois simple branche d'olivier ou de laurier, ensuite de papier crépon – on en voit encore – garnis de petits jouets et de friandises, en particulier dans la Drôme, *li brassadèu*, pâtisseries un peu dures en forme de bracelets, d'abord pochés puis cuits au four.

A Toulon, *lis estevenoun*, appelés aussi "marmousets" ou "suisses".

LES MARTIGUES.

Ces petits personnages font partie des pâtisseries figurées qui peuvent représenter des objets, comme les navettes, des animaux comme le *cacaraca* d'Auriol ou *la couvo* de Crest, des parties du corps humain, comme les petits pains en forme de seins de sainte Agathe, ou encore, jusqu'à la Révolution, des emblèmes religieux.

Les pois chiches comme aux Martigues

L'important dans le pois chiche, c'est la qualité et la cuisson qui conditionnent sa saveur et sa tendreté. On peut les faire tremper plusieurs heures, mais le vrai "truc" pour qu'ils cuisent rapidement, c'est de les faire cuire dans l'eau de cuisson de 1 kg d'épinards, lorsqu'elle est refroidie.

A Martigues, patrie de la poutargue, voici comment on les préparait (mais maintenant, avec le prix de la poutargue…) : les pois chiches cuits et égouttés sont assaisonnés avec moutarde et oignon haché sur lesquels on fait couler de l'huile en filet, pour faire une sorte de mayonnaise. Ajoutez sel, poivre, muscade, vinaigre, persil haché et petits cubes de poutargue.

Les marmousets

Ramollisez au bain-marie 500 g de beurre. Délayez, dans un bol, 100 g de levure de boulanger dans un peu d'eau tiède. Mettez dans un saladier 500 g de farine et quelques pincées de sel, faites la fontaine, mettez dedans 12 œufs battus, ajoutez le beurre, 400 g de sucre en poudre, la levure, un zeste de citron, 3 cuillerées à soupe d'eau de fleurs d'oranger. Mêlez bien le tout avec la spatule en bois, puis continuez à travailler à la main, en ajoutant de la farine, jusqu'à concurrence de presque 2 kg, de façon à obtenir une pâte assez consistante pour pouvoir la travailler au rouleau. Rouler la pâte en boule, la laisser reposer au moins une heure.

Ensuite, abaissez la pâte par portions et découpez à la roulette des petits bonshommes dont vous vous serez fait un modèle en carton. Déposez-les à mesure sur la plaque beurrée et laissez reposer avant de dorer et de cuire au four 200° pendant dix minutes et 150° encore dix minutes.

FONTAINE DE LA PLACE DES PRECHEURS À AIX-EN-PROVENCE.
DESSIN DE JULES DE MAGALLON.

Nous voici arrivés au beau jour de Pâques. Le jeûne est terminé et pour bien le marquer, comme nous le raconte lou felibre de la Lèque :

«Je veux mentionner que dans mon jeune temps, le jour de Pâques, nous n'aurions pas déjeuné, nous les enfants, sans l'œuf symbolique que nous mangions avec des mouillettes et sans une tranche de saucisson qui venait, de bon matin, rompre la longue privation du carême.»

Ce n'est pas si facile de réussir un œuf à la coque ! faut-il le mettre à l'eau bouillante le temps d'un Ave Maria ? ou bien retirer la casserole du feu sitôt l'ébullition reprise et le laisser pocher 5 minutes ? ou bien le mettre à l'eau froide et le retirer au premier bouillon ? Vous me direz qu'il y a des petits sabliers ! Mais, de toute façon : «Connaissez-vous l'origine de cette règle de savoir-vivre selon laquelle, nous enseignent les professeurs de belles manières, on doit briser dans son assiette les coquilles d'œufs à la coque, dès que l'œuf a été mangé ? Elle vient de ce que, au temps lointain, on imaginait que les sorciers avaient le pouvoir d'écrire à l'intérieur des œufs, sans les briser, des formules de maléfices. Casser les coquilles, c'est échapper au mauvais sort. Et voilà pourquoi, en ces temps d'autos, de sans-fils et d'aéroplanes, les gouvernantes enseignent aux petits garçons et aux petites filles cette pratique du Moyen Age.» (Paul Reboux, 1927.)

Quant au saucisson, notre fameux saucisson d'Arles, Jeanne de Flandresy a écrit : «En parler, c'est avoir, pour commencer, la bouche en joie. Mais ton nom seul, ô Arles, sanctifie notre gourmandise !»

Et un certain M. Félix Grégoire écrivait en 1913 : «Ces fameux saucissons dont nos palais blasés font encore leurs délices ! Mangeons ce mets avec attendrissement : il fut inventé par un dieu, un dieu un peu sensuel, peut-être, mais bon, attentif à nos désirs et qui aime que l'on communie en lui !» Raoul Ponchon s'y met lui aussi :

UNE RUE D'ARLES. DESSIN DE RAYNAUD.

Le Saucisson
A M. le Comte A. de M... qui m'avait envoyé
un magnifique saucisson d'Arles

Parbleu ! mon gentilhomme,
Eprouvé gastronome,
Ce saucisson vainqueur
Que ta munificence
M'adresse de Provence,
Il me va droit au cœur

Le poète se livre ensuite à quelques comparaisons que je vous laisse découvrir en lisant *La muse au cabaret*.

Nos amis d'Arles, eux, m'ont donné des origines plus précises et plus terre à terre : les religieux Trinitaires mendiants seraient, au XIIIᵉ siècle, à l'origine de cette spécialité. Ils avaient racheté un jeune esclave turc, Coron, qui, installé à Arles, a été le fondateur d'une dynastie de charcutiers, inventeurs du saucisson. Anciennement, il était légèrement fumé par exposition de 15 jours sous la chape de la cheminée, sans doute pour faciliter la conservation. Pour la composition du porc et du bœuf, ou, comme à Fontvieille, taureau, porc, petits lardons, Côtes du Rhône rouge, épices de Provence, le tout dans le boyau de bœuf et séché 1 mois 1/2 avant consommation.

Il y aurait beaucoup à dire sur le cochon : animal extrêmement intelligent, propre (mais oui), dans lequel tout est bon. Dans ma jeunesse, chaque ferme provençale avait son cochonnier, bâtiment en longueur, clos à mi-hauteur, l'ouverture colmatée avec des toiles de sacs. J'en connais qui ont été convertis en "résidences secondaires" !

Le jour de Pâques, l'agneau est de tradition. Choisissons deux recettes parmi tant d'autres :

Gigot d'agneau à l'ail

Prenez un gigot d'agneau rassis et paré par votre boucher, piquez-le de 12 gousses d'ail et faites cuire, de préférence à la broche, 9 à 10 minutes par demi-kilo. Pendant la cuisson, badigeonnez-le de beurre frais, à l'aide d'un pinceau. Ne le salez qu'une fois la cuisson terminée.

Préparez une purée d'ail : épluchez une dizaine de têtes, faites blanchir les gousses jusqu'à ce qu'elles soient presque cuites, égouttez, rafraîchissez et remettez sur le feu avec un verre de bouillon jusqu'à ce qu'elles soient tout à fait réduites en purée, salez, poivrez et servez avec le gigot.

L'épaule d'agneau farcie aux olives
L'espalo d'agneu farcido'me d'óulivo

Préparez d'abord la farce : mettez 100 g d'olives vertes dénoyautées à tremper un moment dans l'eau fraîche, faites tremper 100 g de mie de pain dans un verre de lait, épluchez et hachez un petit oignon et quelques branches de persil.

Egouttez les olives et le pain, hachez-les également ; mélangez le tout avec 100 g de chair à saucisse, ajoutez 1 œuf battu, sel, poivre ; laissez en attente.

Vous aurez fait désosser par votre boucher une épaule d'agneau d'un bon kilo ; étalez-la bien sur la planche, salez et poivrez légèrement, disposez la farce sur sa surface, relevez les bords et cousez-les pour obtenir une sorte de gros boudin que vous ficelez en lui donnant une forme aussi régulière que possible.

Mettez 2 cuillerées d'huile au fond d'un plat à gratin, posez l'épaule dedans, arrosez-la avec 2 autres cuillerées d'huile, salez et poivrez légèrement. Enfournez à four moyen (200° thermostat 6). Laissez cuire 1 heure 1/4, en arrosant souvent avec le jus rendu par la viande. Pendant les 40 premières minutes, couvrez d'un papier alu que vous enlevez ensuite.

Lorsque la cuisson est sur le point de finir, blanchissez 500 g d'olives vertes dénoyautées, et mettez-les à mijoter, les 10 dernières minutes, dans le jus. Servez accompagné de pommes vapeur ou de pâtes. Avec les os de l'épaule, vous ferez un bouillon qui vous servira pour une soupe ou que vous pourrez faire congeler.

Pour le dessert, allons retrouver nos amis niçois.

Le gâteau niçois de Pâques
Lou chaudeu niçart de Pasco

Proportions pour un gâteau de 25 cm de diamètre.
Mettez 275 g de farine dans un saladier, avec 75 g de sucre en
poudre et une pincée de sel ; mélangez le tout, tamisez-le dans un
autre saladier, faites la fontaine et versez au milieu un mélange
composé de 1 cuillerée à café de levure de boulanger en grain
délayée dans un peu d'eau tiède, 3 cuillerées à soupe d'huile
d'olive, 2 cuillerées à soupe d'eau de fleurs d'oranger, 2 œufs
entiers plus un jaune, le tout bien battu à la fourchette. Mélangez
à la spatule, puis à la main, et travaillez jusqu'à obtenir une pâte
souple et homogène, que vous laissez reposer 3 heures dans un
endroit tiède, recouverte d'un linge.
Au bout de ce temps, formez avec la pâte une couronne de 25 cm
de diamètre que vous déposez sur une plaque beurrée, après en
avoir prélevé un peu pour faire les croisillons.
Vous aurez d'autre part fait durcir 4 œufs en les colorant, comme
autrefois, en vert avec des épinards, en rouge avec de la betterave,
en bleu avec... du bleu de méthylène. Evidemment, il existe actuel-
lement des colorants pour la pâtisserie !
Enfoncez ces œufs colorés dans la couronne, faites-les tenir avec
2 croisillons de pâte, dorez. Enfournez au four (200°) pendant 1/2
heure. Pour accélérer la montée de la pâte, on pourrait procéder
comme pour les brassadèu de la Drôme : jetez la couronne dans
une grande casserole d'eau frémissante jusqu'à ce qu'elle remonte.
Egouttez-la sur un linge ; lorsqu'elle est tiède, finissez comme ci-
dessus.
Ce gâteau se fait dans toute la région car on me l'a également
signalé à Cannes.

Le lundi de Pâques, c'était autrefois le jour des visites à la famille,
comme le raconte si bien Marie Gasquet dans *Une enfance proven-*
çale, d'un assez grand nombre de pèlerinages ; et de sorties à la campagne où l'on emportait souvent des omelettes. Il paraît qu'il existe
1573 manières d'accommoder les omelettes ! Contentons-nous de :

CANNES

L'omelette au lard comme dans le Vaucluse
Lou crespeu

Supprimez la couenne d'une bonne tranche de petit salé maigre d'environ 150 g, coupez en dés, faites blanchir, égouttez. Cassez 8 œufs dans un saladier, salez, battez de 4 ou 5 coups de fourchette, inutile de battre plus, cela ne donne pas une meilleure omelette, au contraire.
Versez dans une bonne vieille poêle en fer 4 cuillers à soupe d'olive, faites chauffer, et faites légèrement revenir les lardons ; versez ensuite les œufs battus et faites cuire à feu assez vif en remuant avec une fourchette. On a souvent l'habitude, en Provence, de faire cuire l'omelette des deux côtés, comme un gâteau, en la tournant avec lou viro oumeleto.

Et le soir, de retour à la maison, nous ferons *li lesco daurado,* suivant ainsi le proverbe : *Entre Pasco e Pendecousto, fai toun dessert d'uno crousto,* c'est-à-dire qu'autrefois, les fruits conservés pour les desserts d'hiver étant finis et les fruits nouveaux pas encore mûrs, il ne restait donc qu'à se régaler d'une croûte de pain, mais on fait de très bons desserts avec du pain.

Ma recette de pains perdus
Ma receto de lesco daurado

Coupez dans un gros pain rassis des tranches pas trop fines, trempez-les rapidement dans du lait tiède mis dans une assiette à soupe, puis passez-les dans un œuf battu, également dans une assiette et faites-les dorer à la poêle. On peut utiliser de l'huile d'arachide ou du beurre. Saupoudrez de sucre glace et servez immédiatement.

Dans mon vieux livre du siècle dernier, *Les 1000 meilleures recettes de pâtisserie bourgeoise,* j'ai cette autre recette, qui n'est pas provençale, mais bonne quand même :

Pain perdu au rhum

On peut utiliser pour cet entremets de famille des brioches ou des petits pains rassis. Taillez ces restes en rondelles de l'épaisseur d'une pièce de cinq francs en leur laissant le double comme grandeur. Faites fondre, suivant quantité, un demi-quart de beurre dans une petite casserole, versez le beurre dans la poêle, sans son résidu de petit-lait, dès qu'il est chaud ; trempez les tranches de pain dans une pâte composée de 2 œufs battus, 2 cuillerées de sucre semoule, délayés dans 5 cuillerées de crème à thé ; et faites roussir les tranches, bien lentement, dans le beurre. Egouttez-les sur du papier buvard ou un torchon,
Dressez-les sur un plat chaud, saupoudrez de sucre, arrosez-les sur la table avec du rhum chaud tenu dans une saucière chaude et flambez. Quand le rhum est éteint, servez aussitôt sur des assiettes chaudes.

LA FONTAINE DE L'ANGE À CARPENTRAS.

Pour la Pentecôte, nous avons trouvé, décrites par Jean Gavot, deux curieuses traditions culinaires :

A Champtercier, près de Digne, on distribuait aux habitants un pain bénit par le prêtre et on faisait cuire sur la place, pour tous, une grosse soupe de fèves, également bénites, assaisonnée de lard ou d'huile.

A la Croix-sur-Roudoule, canton de Puget-Théniers, les jeunes ménages de l'année préparent "la soupe du Saint-Esprit", du nom de la salle paroissiale où elle cuit dans un grand chaudron, à base de haricots et de riz, et dont chaque famille vient chercher sa part ; je crois que la tradition n'est pas perdue.

A Marseille, on trouve dans les pâtisseries "le colombier", dont certains voudraient faire remonter l'origine très loin, mais qui, en réalité, a été créé dans les années 20, suite à un concours entre les pâtissiers pour faire un gâteau à emporter au cabanon. A base de pâte d'amande et de melon confit, il est un peu difficile à réussir pour des amateurs.

VUE DE SÉGURET.

La Fête-Dieu, *la Fèsto de Diéu,* va être l'occasion d'une promenade dans le charmant village de Séguret (Vaucluse) : un amusant article du *Bulletin des Amis de Séguret* nous donne l'idée de quelques friandises : «La Fête-Dieu déroulait sa procession dans tout le village. On se préparait plusieurs jours à l'avance : on sortait des armoires les couvertures piquées, les draps brodés et les dessus de lit de coton très ouvragés qu'on suspendait le long des murs avec des cordes dans toutes les rues où passerait le cortège. On tressait des guirlandes, on cueillait des fleurs et de la verdure pour les reposoirs. Les enfants de chœur emportaient leurs encensoirs à la maison pour les astiquer : il fallait qu'ils resplendissent ! Les mamans et les grandes sœurs préparaient les petites corbeilles destinées à contenir les pétales de fleurs que les enfants jetteraient devant le Saint Sacrement. Ces petites corbeilles, qui n'étaient bien souvent qu'une modeste boîte de chaussures, se cachaient sous un volant de dentelle doublé de rose ou de bleu. Un ruban assorti les suspendait au cou des petits.

C'était une joie pour les enfants de cueillir, le long des chemins, les pétales des genêts et d'autres fleurs des champs qui rempliraient le lendemain leur corbeillon.

Voici comment se présentait la procession vers 1900 : venait en tête un homme portant la grande croix d'argent, puis le groupe des choristes, les enfants avec leurs fleurs et les clergeons agitant leurs encensoirs. Puis, porté par quatre hommes, suivait le dais qui abritait le prêtre revêtu de sa belle chape brodée d'or et portant l'ostensoir.

Porter le dais (*ou pàli*) dans les étroites calades de Séguret relevait presque de l'exploit pour ces paysans chaussés de gros souliers à semelles cloutées (*li soulié tacha*) qui glissaient sur les pavés ! La procession qui avait lieu deux dimanches consécutifs suivait à chaque fois un itinéraire différent. Sur le parcours on avait dressé des reposoirs, sorte d'autels garnis de branchages et de fleurs, où la procession s'arrêtait. A chaque fois, Monsieur le Curé bénissait la foule qui se prosternait, tandis que les clergeons faisaient tourner leur encensoir (ce qu'on appelait "faire le feu roulant") et que les enfants jetaient des fleurs à pleines mains vers le Saint Sacrement. La procession se rendait ensuite à l'église.

Après la procession du deuxième dimanche, Monsieur le Curé offrait aux gamins un petit goûter et recevait les porteurs du "pàli" et les chantres, au presbytère où leur étaient servies diverses pâtisseries (*cacho-dènt, briocho, pan-de-turc e brassadèu*) arrosées de vin cuit et de Carthagène. Les choristes, qui n'étaient pas invités à ces agapes, organisaient un pique-nique qui se déroulait, en général, aux Espieux.»

Le goûter des enfants de chœur nous a posé un problème : qu'est-ce que lou pan de turc ? Notre amie Solange connaît le nom par les souvenirs de son père ; elle a interrogé le presque centenaire du village, il ne se souvenait plus. Etait-ce des petits gâteaux à la farine de maïs, *blad turc ou blad de barbario* ? ou en forme de croissants ? Qui pourrait nous le dire ? Pour les autres douceurs, pas de problèmes. Quant aux choristes, fatigués par ces deux processions, nous leur proposerons, pour un pique-nique ravigotant : des caillettes de Chabeuil, quelques tranches de gâteau de foie de cochon et des croquets à l'anis.

Les croquants de Mireille
Li cacho-dènt coume li fa Mirèio

Coupez en filets 1 verre à moutarde d'amandes non mondées, mettez-les sur la plaque du four et faites-les très légèrement blondir, mais très peu (90 g d'amandes).
Faites tout juste fondre dans une casserole 50 g de miel de pays, versez-le dans un saladier, ajoutez 40 g de sucre en poudre, tamisez dans le saladier 40 g de farine, ajoutez 1 œuf (ou 2 blancs) légèrement battu, puis les amandes. Versez ce mélange qui doit être homogène - dans un moule beurré (personnellement j'utilise le couvercle d'une boîte à biscuits carrée en métal). Enfournez à four assez doux (150°, thermostat 4/5) environ 45 minutes. Au sortir de four, avec un couteau pointu, découpez le gâteau (qui doit avoir pris l'épaisseur d'un centimètre à peu près) dans le moule, en lamelles de 2 cm de large, puis sortez-les du moule et, avec des ciseaux, recoupez en morceaux de 7 cm de long. Ces manipulations doivent être faites rapidement, les croquants dur-

cissant en refroidissant. Une fois coupés, remettez-les sur la plaque, dans le four éteint, et laissez-les refroidir avec le four. Quand ils sont froids, stockez-les dans une boîte en fer hermétiquement fermée, ils se conservent bien. Si, une fois, vous les oubliez en dehors de la boîte et qu'ils aient ramolli, repassez-les au four et remettez-les dans la boîte.

La brioche à la marseillaise
La briocho a la marsihèso

La veille :
Mettez 100 g de levure de boulanger (en hiver, en été 50 g suffiraient), délayez-la avec 3 ou 4 cuillerées à soupe d'eau tiède. Incorporez-la à 2 poignées de farine pour obtenir une pâte mollette. Laissez lever 1/2 heure. Pendant ce temps, travaillez le beurre dans le coin d'un torchon mouillé jusqu'à obtenir une masse molle. Cassez 6 œufs dans un bol, battez-les à la fourchette. Prenez 1 kg de farine type 45, mêlez-y 1 petite cuillerée à café de sel fin, tamisez dans un saladier, faites la fontaine. Mettez au milieu : un zeste d'orange, les œufs, 250 g de sucre, le levain. Mélangez bien, puis ajoutez le beurre. Travaillez longuement cette pâte sur la planche, puis remettez-la dans le saladier, couvrez d'un linge, laissez lever dans un endroit tiède toute la nuit.

Le lendemain :
Préparez un moule rectangulaire à bords droits et assez hauts de 30/10 cm, beurrez au pinceau, farinez. Posez un torchon sur la table, farinez-le ; faites tomber la pâte dessus avec la raclette et roulez-la, à l'aide du torchon soulevé, sans la travailler, en forme de boudin. Coupez ce boudin en 3 morceaux, disposez-les dans le moule en formant comme 3 têtes, dorez au jaune d'œuf. Enfournez immédiatement à four chaud 45 minutes. Pour évitez le dessèchement de la pâte, mettez au fond du four 4 petits récipients (ramequins en pyrex, par exemple) pleins d'eau. Cette brioche se rapproche de la "coco" que l'on fait à Nîmes.

Les échaudés aux œufs
Li brassadèu

Faites fondre 1 kg de sucre dans un petit verre à moutarde d'eau, ajoutez une bonne pincée de bicarbonate, 1/2 verre d'eau de fleur d'oranger et le zeste entier d'une orange.

Dans un grand récipient, faites la fontaine avec 1 kg 1/2 de farine et y mélanger peu à peu et alternativement 12 œufs entiers battus un à un et le liquide, en mélangeant bien le tout. On doit finalement obtenir une pâte plus souple qu'une pâte brisée, mais suffisamment ferme pour pouvoir être longuement travaillée. Bien battre d'abord cette pâte, puis la travailler pendant 3/4 d'heure, en la tapant, l'aplatissant, la travaillant comme du linge qu'on lave. La laisser ensuite reposer en boule recouverte d'un linge pendant au moins 2 heures.

Ensuite, l'abaisser à 2 cm d'épaisseur et former les brassadeaux ; il y a 2 méthodes :

- soit couper des bandes larges à peu près de 1 cm 1/2, en former des gâteaux en forme de bracelets, les souder en appuyant sur la pâte ;

- soit utiliser un bol de 10 à 11 cm de diamètre pour faire le rond extérieur, et un verre de 7 cm de diamètre pour faire le trou intérieur.

A mesure que les gâteaux sont formés, les entreposer sur des nappes propres. Ensuite, les déposer dans un grand chaudron d'eau bouillante et les retirer au fur et à mesure qu'ils montent à la surface. Les refroidir immédiatement dans un autre chaudron d'eau froide, les étaler sur les nappes, les laisser refroidir à l'air.

Lorsqu'ils ne sont plus du tout chauds, ou mieux le lendemain matin, les faire cuire chez le boulanger, aussitôt après le retrait de la fournée. Si on les fait en petites quantités on peut les faire cuire dans le four de la cuisinière, bien chaud. Ils doivent être légers et bien dorés.

Notre amie drômoise qui nous a donné la recette nous raconte que les enfants partaient à l'école avec une série de brassadeaux enfilés au bras, et qu'ils les mangeaient en marchant.

Les caillettes de Chabeuil
Li caieto de la Droumo

Faites cuire une tête de porc désossée, avec ail, oignon piqué d'un clou de girofle, bouquet garni, sel, poivre, pendant 2 heures en marmite ou 3/4 en cocotte à vapeur. Egouttez. Hachez. Nettoyez et blanchissez : un petit chou, le vert de 4 feuilles de blette, une salade frisée, un bouquet de pissenlit, si vous êtes à la campagne. Après 10 minutes d'ébullition, rafraîchissez, égouttez très soigneusement et hachez. Hachez, d'autre part 500 g de foie de porc cru. Tous ces hachis ne doivent pas être trop fins. Mêlez ces 3 hachis, salez, poivrez et épicez de haut goût. Ajoutez 3 cuillerées à soupe de farine et mélangez bien ce hachis qui doit être assez consistant.

Pendant ce temps, vous avez fait tremper à l'eau tiède un paquet de crépines, vous l'égouttez, l'étalez sur un linge et déposez dessus des tas de hachis gros comme le poing fermé.

Coupez la crépine avec des ciseaux et enveloppez-en les caillettes que vous rangez dans un plat à gratin, arrosez de quelques louches du bouillon de cuisson de la tête. Mettez sur chaque caillette un morceau de panne crue et un brin de sauge. Faites cuire au four chaud une petite heure.

Le gâteau de foie de porc
Lou gato de fege de porc

Hachez le plus fin possible : 700 g de panne de porc, 1 kg de foie, 1 échalote, 1 oignon moyen, 1 gousse d'ail, 2 cuillerées à café de sel fin, poivre, du 4-épices.

Beurrez légèrement un moule de 22/15 cm, haut de 10 cm. Tapissez-le de crépine que vous aurez auparavant trempée à l'eau tiède et bien épongée, elle doit dépasser des bords pour pouvoir être repliée sur le dessus. Remplissez le moule avec le hachis, en tassant bien au fur et à mesure afin d'éviter les poches d'air qui nuiraient à la conservation. Posez dessus une feuille de laurier et deux brins de thym, repliez la crépine pour bien

recouvrir et couvrez, soit avec un couvercle, soit avec un alu.
Posez la terrine dans un plat à bords assez hauts dans lequel vous
pourrez mettre à peu près 3 cm d'eau bouillante dont vous main-
tiendrez le niveau en cours de cuisson en rajoutant de l'eau
bouillante. Mettez dans le bas du four (200°). Au bout d'une
heure de cuisson, découvrez et laissez cuire encore une bonne
demi-heure, après avoir baissé la température du four à 150°.
Sortez ensuite le moule du four et laissez reposer 1/4 d'heure.
Puis posez sur le dessus une planchette qui s'emboîte dans
l'ouverture, ajoutez dessus un léger poids. Le lendemain, démou-
lez sur le plat de service.

Les croquets à l'anis
Craqueto à l'anis

Mélangez bien : 250 g de farine, 150 g de sucre en poudre, 10 g
d'anis vert trié, 30 g de beurre fondu, 2 œufs entiers battus.
Malaxez le tout pour obtenir une pâte assez ferme, laissez reposer
une vingtaine de minutes, puis abaissez au rouleau à 2 ou 3 mm
d'épaisseur. Découpez en bâtons longs et étroits que vous placez
sur une plaque beurrée. Faites cuire à four modéré 20 minutes.

Le vin cuit
Lou vin kiue

Il faut 10 litres de moût, que vous allez chercher à la coopérative,
mais vous pourriez écraser le raisin vous-même. Il faut le laisser
reposer 24 heures, puis le verser dans un chaudron, en évitant de
verser le fond qui est trouble. Certains mettent aussi 2 coings,
d'autres 2 pignes de pin vertes. Mettez à bouillir et surveillez, il
faut l'écumer sans arrêt. Lorsqu'il aura réduit à peu près de moi-
tié, retirez du feu et laissez refroidir en remuant et en continuant
à écumer. Lorsqu'il sera complètement froid et qu'il aura bien
déposé, passez, mettez en bouteille.
On m'a donné aussi une recette d'un "Semble Vin Cuit" : Faites
fondre 350 g de sucre en morceaux, à peu près sans eau, pour

faire une sorte de caramel léger. Mouillez avec un litre de bon vin rouge, que vous aurez fait chauffer. Faites cuire tout douce-ment jusqu'à ce que vous ne sentiez plus du tout de sucre au fond de la casserole. Laissez refroidir, mettez en bouteilles.

La carthagène
La cartagèno

Procurez-vous 2 litres de moût de raisin blanc, passez-le soi-gneusement au tamis sur un linge, de façon à bien le clarifier. Mettez-le dans une bonbonne et ajoutez un litre d'eau-de-vie de vin. Remplissez bien la bonbonne, bouchez-la, et secouez longuement ; ensuite laissez débouché un moment, et rebouchez sans trop appuyer sur le bouchon. Au bout d'une dizaine de jours, brassez de nouveau fortement, puis laissez reposer encore 5 à 6 semaines. Mettez en bouteilles, en faisant attention au fond qui pourrait être trouble. La carthagène pourrait attendre un ou deux ans avant d'être consommée.

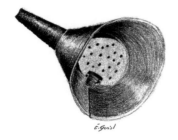

ARC DE SAINT-RÉMY.

En ce jour de L'Assomption, les fêtes et les pèlerinages sont nombreux, à Vitrolles (B.-du-Rh.), Saint-Rémy-de-Provence, Peymenade (A.-M.), etc. Pour les Marseillais, c'est, bien sûr, le jour d'aller à la "Bonne Mère". (Une récente statistique nous apprend qu'elle a reçu un million cent mille pèlerins en une année.)

Une de nos vieilles amies nous a raconté, l'autre jour, ses souvenirs de jeunesse : «Le 15 août, on montait en famille à la Vierge de la Garde, de très bonne heure. Là-haut, on assistait à la messe, puis on mangeait notre casse-croûte sur les rochers de la colline. Après, on descendait par le funiculaire et on allait au cours Lieutaud prendre le tram qui nous menait à Allauch ou vers Aubagne. On passait la journée à la campagne, mangeant sur l'herbe. On rentrait tard le soir, c'était la grande sortie de l'année ! Quand on faisait un vœu à la Vierge de la Garde, on y montait à pied, et même quelquefois avec les pieds nus.»

Pour un casse-croûte un peu élaboré, je propose : le saucisson brioché de Lilette, des allumettes aux anchois, les croquants aux oignons de Mireille.

A propos des recettes dédiées à l'héroïne de Mistral, Marcel Provence a essayé de dénombrer celles qui sont dues à Auguste Escoffier, "le roi des cuisiniers et le cuisinier des rois". Il avait une grande admiration pour Mistral, et a dédié à Mireille : consommé, œufs, tournedos, carré d'agneau, poulet de grain, pommes de terre, coupes, pêches, de quoi faire un excellent repas sous le signe de la poésie provençale !

Comme dessert, nous prévoyons du raisin, puisque :

A Nosto-Damo d'Avoust
Lou rasin a bon goust.

Le saucisson brioché de Lilette

Pour 8 parts, dans un moule à cake moyen :
Prenez un saucisson à cuire ou saucisson à l'ail de 250 g, mettez-le à l'eau froide, et laissez-le frémir 20 minutes, égouttez-le, épluchez-le.

Confection de la pâte briochée : mettez dans un saladier 3 œufs, une pincée de sucre en poudre, une pincée de sel, battez le tout. Ajoutez un paquet de levure chimique, battez à nouveau, puis un verre de crème fraîche, battez encore. Incorporez alors 250 g de farine, en la tamisant et en battant toujours ; vous obtiendrez ainsi une pâte mollette.

Beurrez bien le moule à cake à l'aide d'un pinceau, versez la pâte dedans, posez le saucisson au milieu, enfoncez-le avec le bout d'une spatule jusqu'au fond. Mettez dans un endroit tiède et laissez gonfler à peu près une heure. Faites ensuite cuire 35 minutes à 210° (thermostat 7). Avant de mettre au four, vous pouvez dorer au jaune d'œuf, mais avec précaution pour ne pas faire retomber.

Les allumettes aux anchois
Lis alumeto is anchoio

Elles peuvent être faites en pâte feuilletée et cuites au four, ou en pâte brisée et frites, voici cette recette :
Préparation de la pâte brisée. Mettez 500 g de farine dans un saladier, ajoutez 3 pincées de sel. Coupez en petits morceaux 125 g de saindoux et 125 g de margarine et incorporez-les à la farine, en mélangeant du bout des doigts, jusqu'à obtenir une sorte de sable. Faites la fontaine, verser au milieu une tasse à café d'eau et commencez à mélanger à la spatule en bois ; continuez à verser de l'eau par petites quantités et à mélanger jusqu'à ce qu'il se forme un début de boule. Travaillez alors avec les mains, jusqu'à obtenir une pâte un peu collante, mais pas trop molle. Roulez dans la farine sans pétrir et laissez reposer sous un linge pendant que vous préparez la farce. (N.B : lorsque je le peux, je prépare la pâte brisée la veille de l'emploi, elle se travaille beaucoup mieux ainsi.)
Préparation de la farce. Nous utiliserons des "anchois du baril", achetés au détail, que nous dessalerons nous-même : les débarrasser du sel, les rincer, les faire tremper une dizaine de minutes, les sécher et lever les filets.

Coupez finement au couteau et écrasez à la fourchette dans une assiette 4 filets d'anchois. Mettez dans une casserole gros comme un œuf de beurre, dès qu'il est fondu, ajoutez 2 cuillerées à soupe de farine, délayez avec 1/2 verre de lait bouillant, en tournant avec une cuiller en bois, pour obtenir une pâte assez coulante. Hors du feu, ajoutez 3 jaunes d'œuf et les anchois ; remettez quelques instants sur feu doux en tournant, pour épaissir ; vérifiez l'assaisonnement, versez sur une assiette pour faire refroidir.

Confection des allumettes. Mettez la pâte sur la planche farinée, fraisez-la, c'est-à-dire étalez avec la paume de la main sans travailler, pliez en 4. Coupez cette boule en 2. Etalez la première moitié, assez finement, en une bande à peu près de 36/12 cm. Disposez transversalement la farce avec une cuiller, sur une des moitiés du rectangle, en cordons de la grosseur du petit doigt, jusqu'à 3 cm des bords et séparés par 3 cm de pâte. Disposez un filet d'anchois dessalé sur chacun. Mouillez au pinceau l'intervalle entre les garnitures d'anchois ainsi que les bords de la plaque de pâte. Repliez l'autre moitié du rectangle et couvrez-en la première moitié ; appuyez entre les cordons pour bien souder la pâte et divisez à la roulette en autant de morceaux qu'il y a de filets. Cuire à grande friture chaude. Avec ces proportions, vous ferez une vingtaine d'allumettes longues de 4 doigts.

Les croquets aux oignons de Mireille
Li croucant i cebo de Mirèio

Hachez finement au hachoir à main un bel oignon. Mettez dans un saladier 130 g de farine, ajoutez 70 g de beurre coupé en petits morceaux, émiettez-le avec le bout des doigts jusqu'à obtenir une sorte de gros sable ; ajoutez l'oignon haché, du sel, du poivre, et ajoutez de l'eau tiède par cuillerées à soupe jusqu'à obtenir la consistance d'une pâte brisée. Abaissez au rouleau sur la planche farinée à 1/2 cm d'épaisseur, découpez avec un verre ou un emporte-pièce des rondelles de 6 à 7 cm de diamètre. Dans une assiette à soupe, battez à la fourchette un œuf avec

2 cuillerées à soupe de lait, dans une autre assiette, mettez de la chapelure fine. Passez les croquets d'abord dans l'œuf battu, puis dans la chapelure. Faites ensuite dorer des 2 côtés à la poêle dans de l'huile. On pourrait aussi faire cuire au four assez chaud, sur tôle beurrée, une vingtaine de minutes.

Mais, dans ma famille, c'était grand jour de fête : la fête de ma mère, la mienne et mon anniversaire (merci de vos vœux), et c'était le seul jour de l'année où l'on ne mangeait pas de soupe le soir ! mais aussi, sans grande cuisine, on soignait le repas :

Les concombres en petits bateaux
Li coucoumbre en pichot batèu

Faites durcir 3 œufs, rafraîchissez-les, écalez-les. Coupez-les en petits carrés. Epluchez à l'épluche-légumes 3 tomates moyennes mûres, ouvrez en deux, épépinez et coupez en petits dés. Ouvrez une boîte de crabes de 150 g (poids net égoutté), émiettez. Faites une mayonnaise avec : 1 jaune d'œuf, 1 cuillerée à café de moutarde, 2 dl 1/2 d'huile, 1 cuillerée à soupe de jus de citron, et, en dernier lieu, le blanc d'œuf en neige ferme. Mêlez tous ces éléments, vérifiez l'assaisonnement. Prenez 3 petits concombres, lavez-les, coupez-les en 2. Prélevez la chair, coupez-la en tout petits morceaux et mélangez-la à la farce, dont vous garnissez les demi-concombres. Disposez dans le plat de service, garnissez avec radis, citron, persil et servez immédiatement.

Les aubergines à la tomate
La risto

Préparez tout d'abord un coulis de tomates : lavez 1 kg 1/2 de tomates à cuire ; coupez-les en assez gros morceaux, sans enlever peaux ni pépins, mettez-les dans une casserole avec 500 g d'oignons coupés en morceaux, 4 gousses d'ail épluchées, un fort bouquet garni attaché avec une ficelle, sel, poivre. Couvrez et laissez cuire tout doucement pendant une heure, et même plus.

Pendant ce temps, préparez un kilo d'aubergines, choisies de taille moyenne, assez régulières, fermes, la peau brillante. Lavez-les, ne les épluchez pas, coupez-les dans la longueur en tranches épaisses de 1 cm. Dans les recettes classiques, on dit de les fariner, je ne le fais plus depuis qu'une dame arménienne m'a donné le truc suivant : faites-les tremper une heure dans de l'eau froide, égouttez-les, épongez-les et faites-les frire à assez grande friture chaude. Egouttez-les à mesure qu'elles sont dorées, posez-les sur un papier absorbant, salez-les.

Passez le coulis au moulin à légumes (surtout pas au mixeur) puis à la passoire tamis ; vérifiez l'assaisonnement.

Deux façons de servir : faire mijoter quelques instants les aubergines dans le coulis et servir, ou bien faire gratiner avec un peu de râpé dessus. Voulez-vous la note amusante ? J'ai noté sur ma recette : "prix de revient pour 6, le 19.09.75 : 10 F..."

Le thon à la mazarguaise
Lou toun à la mazarguenco

Préparez d'abord un court-bouillon : mettez dans une casserole : 1 litre d'eau, 1 oignon moyen, 2 gousses d'ail, 1 lamelle d'écorce d'orange, 1 branche de fenouil, sel, poivre en grains, et laissez frémir 1/4 d'heure. Ensuite, mettez dans la casserole une tranche de thon de 3 cm d'épaisseur, qui fasse un petit kilo, laissez frémir 1/4 d'heure.

Hachez très finement 4 gousses d'ail, mettez 4 cuillers à soupe d'huile d'olive dans une petite poêle, à feu très doux, ajoutez l'ail, et faites cuire en tournant sans arrêt, et surtout sans laisser roussir, pendant une dizaine de minutes. Ajoutez, quelques minutes avant la fin, le basilic coupé finement au couteau (10 feuilles).

Le poisson étant cuit, égouttez-le, mettez-le sur le plat de service chauffé, versez la sauce dessus et chauffez.

Le lapin en rond
Lou lapin en cabessau

Il faut un lapin entier, d'un bon kilo, dont la peau du ventre soit juste ouverte du haut en bas, pour faciliter la "couture" de la farce ! Il y a intérêt à l'acheter chez le volailler.

Préparation de la farce : hachez, pas très finement, 2 oignons, 2 gousses d'ail, 3 branches de persil, puis séparément 125 g de quignon de jambon cuit, écrasez le foie du lapin. Emincez 2 oignons et 2 carottes.

Faites revenir dans la poêle, à l'huile d'arachide, sans roussir, oignons, ail et persil hachés. Mélangez ensuite avec 500 g de chair à saucisse, le jambon et le foie, salez, poivrez, émiettez dedans une branche de thym, incorporez 2 feuilles de laurier entières.

Posez le lapin à plat dos sur la table, garnissez tout l'intérieur avec la farce, ramenez les morceaux de la peau du ventre, cousez-les. Ficelez le lapin en lui donnant une forme ronde, la tête venant rejoindre les pattes arrière.

Faites fondre 2 cuillerées à soupe de saindoux dans une cocotte ou un poêlon rond, faites dorer le lapin des deux côtés, salez, poivrez de chaque côté, disposez autour carottes et oignons émincés, mouillez avec 1/2 bouteille de vin blanc sec (juste) que vous aurez chauffé au préalable. Couvrez et cuisez à four très doux pendant 2 heures. Si nécessaire, dégraissez le bouillon qui sera servi en saucière.

Le mot *cabessau* est traduit dans le *Tresor dóu Felibrige* : "coussinet qui sert à porter un fardeau sur la tête", et également : "se mettre en cabessau" : se plier en rond ; c'est donc ce mot que nous avons adopté.

Le gâteau aux pêches à la poêle
Lou gatèu i pessègue à la sartan

Préparez un sirop en faisant cuire 125 g de sucre en morceaux dans 1/4 de litre d'eau, à feu pas trop vif, une dizaine de minutes. Epluchez 1 kg de pêches jaunes, dont le noyau se détache facilement, ouvrez-les en 2. Faites-les pocher à peu près 10 minutes dans le sirop ; elles ne doivent pas se chevaucher, au besoin, faites-les cuire en plusieurs fois. Egouttez-les, mettez de côté 7 ou 8 moitiés et coupez les autres en tout petits morceaux. Laissez ensuite réduire le sirop jusqu'à ce qu'il n'en reste plus que 3 ou 4 cuillerées à soupe.

Tamisez dans un saladier 6 cuillerées à soupe de farine, ajoutez une pincée de sel, 3 cuillerées à soupe de sucre en poudre ; mélangez, faites la fontaine, mettez au milieu 3 œufs battus avec une cuillerée à soupe de kirsch et le sirop refroidi, ajoutez les petits morceaux de pêches. Le mélange doit avoir à peu près la consistance d'une pâte à beignets.

Faites fondre un bon morceau de beurre dans une poêle de 23 cm de diamètre, de préférence à bords hauts et droits. Versez la pâte, disposez sur le dessus les demi-pêches mises de côté, couvrez et faites cuire à feu très doux une vingtaine de minutes. Retournez alors le gâteau sur le viro oumeleto ou sur le couvercle, faites fondre le reste du beurre dans la poêle et re-glissez le gâteau. Couvrez, faites cuire encore une dizaine de minutes.

Vérifiez la cuisson et prolongez un peu si nécessaire avant de glisser le gâteau sur le plat de service. Peut se manger chaud ou froid.

Et notre année liturgique, commencée avec une naissance, va se terminer avec les fêtes de la Toussaint et des Morts.

Dans certaines de nos coutumes, nous retrouvons ce rite d'accueil aux morts que nous avons déjà vu à Noël avec les miettes laissées sur la table après le Gros Souper. Pour la Toussaint, les enfants mettaient, pour eux, quelques châtaignes sous leur oreiller. Dans le Languedoc, on soupait avec du millet préparé avec du lait ; d'après une vieille croyance, on pensait délivrer autant d'âmes du purgatoire que l'on mangeait de grains de millet. Notre ami *lou felibre de la Lego* écrivait en 1905 (et je regrette de devoir ne donner que la traduction, c'est tellement plus beau en provençal !) : «Au souper de la Toussaint, autant il y avait eu de morts dans la famille dans le courant de l'année, autant se laissaient de places vides à la table. Sur chaque assiette on mettait sa part et on la donnait aux pauvres le lendemain.» Dans la Gavotine, on préparait "le repas des morts", avec châtaignes, lentilles et pois chiches qui, écrit M. Benoît dans *Le folklore de la Provence*, «appartiennent à un vieux rituel méditerranéen, lié en Grèce à la fête des chytres ou marmites, cérémonie funèbre des dyonisies.» Nous donnerons encore deux plats traditionnels pour les repas de famille de ce jour-là : la couronne de riz aux œufs pochés et les châtaignes.

Il y a tant à dire sur les rapports entre la mort et la nourriture : nous avons un peu parlé de la nourriture offerte aux morts, mais il y a aussi celle des vivants à l'occasion d'une mort, le repas offert à ceux qui avaient assisté à l'enterrement, *lou reboustèri*, et aussi ce que l'on servait à ceux qui, la nuit, "veillaient le mort", veillée décrite par Marie Mauron dans *Le quartier Mortissan* : «Un propos poussant l'autre, enfin la nuit arrive. Thérèse distribue à Rosa, aux Reynaud, un bol de consommé de veau : "Ce n'est pas une nourriture, c'est juste pour vous soutenir !" (...) Elle prépare à la hâte un grand toupin de chocolat, l'assistance sera nombreuse, on ne peut pas se laisser périr.»

J'ai trouvé cette note curieuse dans le numéro du 15 septembre 1913 de *Fantasia*, "magazine gai paraissant le 1er et le 15 de chaque mois", à la chronique "la potinière" : à Barcelonnette existe encore un usage assez curieux qui remonte à l'an 1300. Chaque année, à pareille époque, à l'ouverture de la chasse, chacun conserve soigneusement le premier gibier tué et le soir même on va le déposer à la porte du cimetière, "pour le dîner des morts". Quelquefois, le gibier reste sur place de longs jours et empeste l'atmosphère, mais la plupart du temps, des mains mystérieuses le chipent pendant la "première nuit".

Couronne de riz aux œufs pochés

Lavez 300 g de riz long (de Camargue, naturellement !), versez-le dans une grande quantité d'eau bouillante, salez dès qu'elle a repris le boût, et laissez cuire une vingtaine de minutes (ou plus suivant les goûts), égouttez, mélangez avec un bon morceau de beurre et une petite poignée de gruyère rapé fin, et façonnez en couronne : prenez le riz par cuillerées, disposez-le en couronne sur un plat rond tenu au chaud, avec le dos de la cuiller trempée à l'eau tiède, façonnez la couronne, puis lissez-la tout autour. Disposez sur le dessus, que vous aurez tenu plat, les œufs pochés :
Remplissez aux 3/4 une casserole assez large, additionnée de sel et d'une bonne cuillerée à soupe de vinaigre blanc. Cassez les œufs successivement dans une petite soucoupe d'où vous les faites glisser dans l'eau que vous maintenez frémissante, couvrez la casserole, laissez pocher 3 minutes. Sortez-les un à un avec une petite écumoire, égouttez-les bien (certains préconisent de les poser sur un linge blanc plié en double), et disposez-les sur la couronne.

Le consommé de veau

J'ai, dans un vieux livre, une curieuse recette d'un "bouillon de mou de veau pour les malades dont la poitrine est attaquée", à tout hasard, je vous la communique : «Ayez un mou de veau frais du jour, lavez-le, coupez-le en gros dés et faites le cuire dans 1 litre 1/2 d'eau, jusqu'à réduction d'un tiers. Ajoutez-y 4 figues grasses, 6 jujubes, 6 dattes et 15 g de raisins secs, donnez encore 10 minutes d'ébullition, passez-le comme on fait du

CASTELLANE.

bouillon ordinaire et servez-en une tasse le matin et une le soir, 3 heures après avoir mangé.» On peut toujours essayer...

Je peux vous indiquer aussi la recette du "consommé de l'impératrice Marie-Louise". Je l'ai essayée, c'est délicieux, mais ça devait être au début du mois, car pour obtenir 10 grandes tasses de bouillon : «Prenez 2 litres d'eau, 1 kg de tranche de bœuf, une demi-poule à moitié rôtie et rissolée, 2 carottes, 2 oignons, 2 poireaux, bouquet garni, 2 clous de girofle. Cuit pendant 8 heures, dégraissez et servez.»

Trève de plaisanterie, un consommé de veau se fait avec un morceau de rouelle de veau, des os, mijotés avec tous les aromates cités ci-dessus, soigneusement écumé en cours de cuisson, et passé au torchon en fin de cuisson.

La soupe de lentilles comme à Castellane

Epluchez 4 pommes de terre, 3 poireaux, lavez et coupez en rondelles. Rincez 200 g de lentilles vertes.

Mettez le tout dans une casserole, avec 1 litre 1/2 d'eau tiède, du sel, du poivre, un bouquet garni. Couvrez et laissez mijoter une bonne heure. Pendant ce temps, faites frire à l'huile de fines tranches de pain rassis.

Lorsque la cuisson est achevée, passez la soupe au moulin à légumes dans la soupière et servez immédiatement avec le plat de croûtons et une burette d'huile d'olive ; chacun mettra dans son assiette les croûtons et l'huile qu'il désire.

Bavaroise au chocolat

Si vous voulez votre bavaroise assez forte en chocolat, il faut compter autant de tablettes (de chocolat noir bien sûr) que de verres de lait, sinon 1/2 tablette par verre suffit. Faites dissoudre le chocolat dans un peu d'eau, ajoutez ensuite, petit à petit, le lait bouillant et du sucre à volonté. Agitez avec un moussoir pour que la mousse monte bien, servez brûlant. Le moussoir s'appelle chez nous un frisadou mais je crains d'avoir acheté le dernier qui restait en stock chez mon marchand de vaisselle.

Les châtaignes
Li castagno

On compte 200 g de châtaignes par personne pour une bonne ration. Vous pouvez les faire griller dans "la sartan castagniero", à gros trous, après les avoir incisées pour éviter qu'elles n'éclatent. A défaut, vous pouvez les griller dans une poêle ordinaire, en la recouvrant d'un linge humide, pour éviter qu'elles ne dessèchent.

MAISON RUSTIQUE

DES DAMES

PAR

MME MILLET-ROBINET

CHEVALIER DE L'ORDRE DU MÉRITE AGRICOLE, OFFICIER D'ACADÉMIE
MEMBRE CORRESPONDANT
DE LA SOCIÉTÉ NATIONALE D'AGRICULTURE DE FRANCE
DE L'ACADÉMIE ROYALE D'AGRICULTURE DE TURIN
DE LA SOCIÉTÉ D'AGRICULTURE D'ILLE-ET-VILAINE
ET MEMBRE HONORAIRE
DE LA SOCIÉTÉ D'AGRICULTURE, SCIENCES ET ARTS DE POITIERS

TREIZIÈME ÉDITION

TOME PREMIER

ORNÉ DE III GRAVURES

PARIS

LIBRAIRIE AGRICOLE DE LA MAISON RUSTIQUE
26, RUE JACOB, 26
1888

LES CARIATIDES DE L'HOTEL-DE-VILLE DE TOULON. DESSIN DE J. LETZ.

Nous avons un peu fait le tour de l'année, mais il nous faut revenir maintenant sur les fêtes votives, *Li Voto*, qui ont tenu, et tiennent encore, heureusement, une grande place dans la vie de nos villages, même si la banderole à l'entrée, "Honneur aux étrangers", à l'intention des habitants des villages voisins, ne se voit plus. C'est la fête du saint patron, aussi la messe est-elle célébrée en grande pompe et souvent *en lengo nostro*. Le matin est marqué par les aubades et lou trin ; la visite des musiciens avec les jeunes filles vendant des *torco* ou des *tourtihado* se fait toujours. Les groupes folkloriques participent souvent aux festivités et il y a aussi les concours de boules, les jeux divers, les bals. Certaines municipalités offrent l'ailloli, le lundi, à ceux qui ont aidé à l'organisation de la fête.

C'est une occasion de se réunir en famille, aussi voici quelques idées : "l'entrée", c'était le plat du dimanche pour les cuisinières marseillaises, on la trouvait dans toutes les boucheries, on la trouve encore. "Le canard en daube", c'est commode, on peut le préparer la veille. "Les tomates à la provençale" – *li poumo d'amour à la sartan* : ma mère, qui était une rapide, les faisait à feu vif, d'abord du côté coupé, puis de l'autre, mais il ne fallait pas les lâcher de l'œil ; ma tante Suzon, qui était une délicate, les laissait plusieurs heures à tout petit, petit feu, jusqu'à ce qu'elles soient

(au verso) BÉNÉDICTION DES MULETS EN PROVENCE. TABLEAU DE J. RAVE.

pour ainsi dire confites ; notre amie Viveto, de Toulon, les cuit d'abord à la poêle et ensuite au four. *Lis auriheto* étaient de toutes les fêtes et par pleines corbeilles. Elles ont même inspiré les poètes, Mistral, et aussi l'aubagnenco Jano Capitani :

De tout segur, Tanto Naneto
Nous va pasta lis auriheto.
Lou saben proun que lei fara
E que cadun lei tastara.
Dins soun tian de terraio blanco
Poudès crèire que rèn li manco :
Ni la bello farino flour,
Lou burre fin, lis iou dou jour.

L'entrée maison
(recette de mon école ménagère)

Nettoyez 100 g de champignons de couche, émincez-les. Dénoyautez 100 g d'olives vertes, préparez les viandes : coupez en assez petits morceaux du filet de bœuf, de la côtelette de mouton, de la rognonnade, des rognons d'agneau ou de mouton, du ris de veau, le tout environ 600 g.
Faites fondre dans la casserole une cuillerée de saindoux, faites-y roussir les viandes, puis retirez-les et tenez-les au chaud. Faites roussir une bonne cuillerée à soupe de farine dans cette même graisse, ajoutez 2 cuillerées à soupe de coulis de tomate, donnez un tour, mouillez avec un verre de bouillon chaud, remettez les viandes, un bouquet garni, poivre, sel, et laissez cuire couvert, petit feu, une heure. Ajoutez les olives et les champignons et laissez mijoter encore 1/2 heure.
Dans la tradition marseillaise, "l'entrée" se servait nature ; on pourrait la mettre dans une croûte ou la servir entourée de croûtons frits.

Le canard en daube
Lou canard en adobo eme sa gelado

*Il faut utiliser un canard plus très jeune, pesant vidé environ
1 kg 1/2 nettoyé et bridé. Mettez au fond d'une cocotte quelques
bardes de lard, carottes et oignons émincés, 4 gousses d'ail, un
fort bouquet garni, un pied de veau nettoyé et coupé en 2. Posez
le canard, les demi-pieds de veau de chaque côté, mouillez avec
vin blanc et bouillon presque à hauteur, salez, poivrez, couvrez
et faites cuire à petit feu au moins 2 heures, en tournant le canard
à mi-cuisson. Lorsqu'il est tout à fait tendre, sortez du feu, attendez un moment, sortez le canard, découpez-le ainsi que le pied
de veau, mettez les morceaux dans un récipient où ils tiendront à
l'aise avec la gelée.*
*Dégraissez le jus de cuisson, passez-le au tamis, en évitant le fond
qui est trouble, et clarifiez : mettez dans une casserole à fond
épais 2 blancs d'œuf, fouettez légèrement, puis ajoutez les
coquilles écrasées et versez le bouillon, qui sera un peu refroidi,
lentement, en fouettant toujours. Posez la casserole sur le feu très
doux, et continuez à fouetter sans interruption, jusqu'à ébullition,
laissez frémir découvert une dizaine de minutes. A ce moment-là,
le blanc, grisâtre, sera remonté en surface ; sortez du feu et passez,
par louches, à travers une toile fine, mouillée, disposée sur une
passoire tamis.*
*Versez ce bouillon sur le canard, qui doit être bien recouvert et
mettez au frais. Ce plat se prépare, évidemment, la veille ou
même l'avant-veille.*

Les aubergines rondes aux tomates de Joune

*Epluchez 3 aubergines, coupez-les en tranches moyennes, laissez
tremper quelques minutes à l'eau froide salée, épongez. Passez-les
dans de la farine, puis dans un œuf battu et enfin dans de la chapelure fine. Faites-les frire à l'huile, rapidement, laissez égoutter sur
un papier absorbant.*
Nettoyez la poêle, remettez-y de l'huile et faites-y revenir

2 oignons hachés menu, 3 gousses d'ail, 3 branches de persil égale-
ment hachées, 1 kg de tomates mûres que vous aurez auparavant
épluchées, épépinées et coupées en morceaux, sel, poivre et laissez
mijoter couvert jusqu'à ce que cela fasse une bonne sauce, bien liée.
Mettez dans un plat à gratin le tiers de la sauce tomate, puis la
moitié des aubergines, 5 filets d'anchois, un peu de marjolaine, le
deuxième tiers de la tomate, le reste des aubergines, le reste des
tomates. Faites sur le dessus des croisillons de filets d'anchois, par-
semez de quelques olives de Nyons, saupoudrez de marjolaine et
mettez au four (thermostat 6), une trentaine de minutes, attention
que cela ne se dessèche pas. Peut se manger chaud ou froid. Les
aubergines peuvent se faire frire dès la veille.

Les couronnes des aubades
Lei touarco dou trin

Faites fondre 500 g de sucre dans un verre d'eau, sans aller
jusqu'à l'ébullition ; laissez ensuite un peu refroidir. Mettez dans
un saladier 750 g de farine, faites la fontaine, et mélangez avec
le sirop 150 g d'huile d'olive, 3 cuillerées à soupe d'eau de fleur
d'oranger et une cuillerée à soupe d'anis en grains bien nettoyé.
Ne travaillez pas trop la pâte. Formez-en des petites couronnes,
posez-les sur la plaque du four beurrée, avec un pinceau, passez
dessus un peu d'eau et enfournez 20 à 30 minutes à four moyen.
Elles ne dorent pas.

Les tortillons
Li tourtihoun

Faites la fontaine avec 250 g de farine. Mettez au milieu 250 g de
sucre en poudre, 125 g de beurre coupé en petits morceaux et un
zeste de citron. Pétrissez bien le tout, puis incorporez 250 g de
pâte à pain et travaillez vigoureusement, en ajoutant un peu
d'eau, si nécessaire. Laissez reposer au moins une heure.
Formez alors des petits bâtonnets, que vous arrondissez en for-
mant une boucle au milieu et en retournant les deux extrémités

pour fermer la boucle . Posez sur la plaque beurrée et laissez lever dans un endroit tiède pendant au moins une heure avant de cuire au four 20 à 30 minutes.

Dans son livre sur *Les usages des Marseillais*, Marchetti en 1683 qualifie les touerques de "couronnes de pain".

RÉPUBLIQUE FRANÇAISE — Liberté - Egalité - Fraternité

Ville de BARJOLS (Var)

Fête Patronale et Traditionnelle de

SAINT MARCEL

avec BRAVADE et DANSE des TRIPETTES

Célébrée les 15 et 16 Janvier 1972

Sous la Présidence d'Honneur de M. VERNE, Maire de Barjols et M. NIRONI, Conseiller Général

SAMEDI 15 JANVIER

17 heures 30 : **RAPPEL - BRAVADE**

18 heures 30 : **COMPLIES TRADITIONNELLES**

suivies de la **DANSE DES TRIPETTES** avec le concours de l'Harmonie Barjolaise

A la sortie : **PEGOULADE - FEU DE JOIE**

21 heures : **Bal des Tripettes** avec **Tony Roger**   Salle des Fêtes

DIMANCHE 16 JANVIER

9 heures 30 : Rappel - Rassemblement des Groupes Folkloriques et de la Musique

10 heures : **Messe Solennelle de Saint Marcel**

suivie de la **DANSE DES TRIPETTES**

PROCESSION DES RELIQUES - BRAVADE

14 heures : **Grande Fête Provençale**   sur la Place de la Rouguière

avec des délégations du Rode de Basse Provence

16 heures : **Concert d'Instruments Anciens**   Salle des Fêtes

par **L'ENSEMBLE POPULAIRE DE PROVENCE**

21 heures : **Grand Bal avec Claude Gérard**   Salle des Fêtes

Le Comité décline toute responsabilité en cas d'accident et se réserve le droit de modifier le programme. Toutes ses décisions seront sans appel.   LES AMIS DE SAINT MARCEL.

Parmi les fêtes les plus vivantes, nous avons la Saint-Marcel à Barjols (Var), la dominique (pourquoi employer le mot anglais week-end, puisque nous avons le mot français qu'utilisent toujours nos cousins québécois) la plus proche du 16 janvier : procession à travers la ville du buste de saint Marcel, au son des tromblons, des fifres et des tambours, chant du cantique traditionnel, danse des tripettes (sans doute du vieux français *tripa*, sauter) tout au long du parcours, cérémonie à l'église, et tous les 4 ans, sacrifice du bœuf qui est rôti sur la place. C'est donc du bœuf que nous allons cuisiner aujourd'hui.

Le bœuf aux herbes
Lou biou is erbouran

Mettez au fond d'un plat en terre à couvercle 50 g de lardons, étalez dessus un bon demi-kilo de bœuf dans la tranche, coupé en tranches fines. Recouvrez entièrement avec un hachis d'herbes composé de : une grosse poignée de cerfeuil, une petite poignée de persil, du thym, du laurier, de la menthe, du pèbre d'ail (sarriette), du basilic, de la sauge, le tout très finement haché. Ajoutez encore un bon demi-kilo de bœuf en tranches, salez, poivrez. Mouillez avec 2 verres de vin blanc sec, dans lequel vous aurez délayé une cuillerée à soupe de coulis. Mettez le couvercle, fermez-le hermétiquement et mettez au four moyen pendant au moins 5 heures.

En février, nous trouvons Sainte-Agathe, fêtée, entre autres, à Maillane, à Saint-André-des-Alpes et à Arles, où avait lieu "la mascarade" : sainte Agathe était censée arrêter le froid ; *Santo Agueto, emporto lou fre dins sa saqueto.* Elle était protectrice des nourrices (sans doute par allusion à son supplice : on lui avait coupé les seins), et invoquée contre le feu. C'était le jour de la fête des femmes à Belvédère, dans la vallée de la Vésubie : elles faisaient, ce jour-là, ce que les hommes faisaient d'habitude, aller au café, par exemple, pendant que ces messieurs restaient à la maison.

Garcin écrit en 1840 : «Dans plusieurs communes rurales, les femmes célèbrent la fête de Sainte-Agathe. Quoique dans leurs collations tout se passe avec décence et sobriété, les plaisants ne manquent pas de les qualifier de "bacchanales". On trouve des sergents de ville qui, le lendemain matin, vont publier par les rues les coiffes perdues depuis le soir de la veille.»

Je pense que ces dames devaient, raisonnablement, se contenter de boire un punch au lait, tout en dégustant les "petits pains de Sainte-Agathe", en forme de seins, traditionnels à Maillane.

Le punch au lait
Lou ponche au la

Mettez dans un bol à punch 6 petites cuillerées de sucre en poudre, 4 cuillerées d'eau de vie, 1 petit verre de rhum, 2 jaunes d'œuf bien débarrassés du blanc et délayés au moyen d'une ou deux cuillerées de lait froid. Versez sur le tout 6 grands verres de lait bouillant, mélangez longuement et servez très chaud.

Petits pains de Sainte-Agathe
Pichot pan de Santo-Gueto

Faites ramollir 125 g de beurre sans le laisser fondre, faites à peine tiédir le lait pour délayer la levure. Mettez dans un saladier 250 g de farine, faites la fontaine, mettez au milieu : une cuillerée à soupe de sucre en poudre, une pincée de sel, 2 œufs battus. Pétrissez à la main, en ajoutant peu à peu 10 g de levure de boulanger, délayée dans 1/4 de verre de lait tiède. Incorporez le beurre que vous aviez fait ramollir. La pâte doit avoir à peu près la consistance d'une pâte à pain. Travaillez-la à la main sur la planche, jusqu'à ce qu'elle se décolle de la main, au moins 1/4 d'heure.

Beurrez soigneusement des petits moules (en forme de cassolette), mettez dans chacun de la pâte au tiers de la hauteur, puis posez sur le dessus une petite boule de pâte. Laissez gonfler dans un endroit tiède. Dès que la pâte a atteint le haut du moule, faites cuire 20 à 30 minutes (thermostat 6).

BORDS DE L'HUVEAUNE, À SAINT-LOUP. DESSIN DE CABASSON.

L e 11 mai, à Sausses, petite commune près d'Entrevaux, fête votive de Saint-Pons, le buste du saint est mené en procession à travers le village et l'on va ensuite déguster une omelette aux herbes et une tarte aux amandes.

L'omelette aux herbes
La troucho a la verduro

Commencez par frotter avec une gousse d'ail le saladier dans lequel vous allez battre 8 œufs, salés, poivrés. Vous avez fait blanchir 2 bonnes poignées d'épinards, vous les passez à la poêle dans de l'huile d'olive, vous ajoutez deux filets d'anchois bien écrasés, et vous terminez l'omelette comme à l'ordinaire.

La tarte aux amandes
La tarto is amelo

Pour un moule de 30 cm de diamètre, préparez une pâte brisée avec 500 g de farine et 250 g de beurre, selon le procédé habituel. Beurrez bien le moule, abaissez les 3/4 de la pâte sur un petit centimètre d'épaisseur et disposez-la dans le moule, en laissant dépasser de 2 cm tout autour du bord, piquez légèrement le fond avec une fourchette.
Préparez une crème : mettez 3 jaunes d'œuf et 300 g de sucre dans un saladier, et tournez le mélange avec une spatule en bois jusqu'à ce qu'il blanchisse, ajoutez 10 g de farine tamisée en tournant toujours bien, attention aux grumeaux. Vous aurez mis le lait à bouillir avec une gousse de vanille, versez-le avec précaution dans le mélange, puis mettez celui-ci dans la casserole et posez sur feu doux en tournant sans arrêt, donnez 3 bouillons, enlevez du feu, incorporez 100 g de poudre d'amandes. Vous devez obtenir une crème assez consistante (il faut peut-être ne pas mettre tout le lait prévu).
Attendez que la crème refroidisse un peu et versez-la dans le moule, mais son épaisseur ne doit pas dépasser 1 cm, s'il y en a trop, vous la servirez à part en même temps que le gâteau. Abaissez la

pâte restante, découpez un rond de la dimension du moule
+ 2 cm. Recouvrez-en la crème, en vous assurant que ce couvercle jointe bien avec les bords de la tarte. Rabaissez alors la
partie qui débordait, en pinçant avec les doigts ou avec un pince-
pâte.

Dorez au jaune d'œuf, faites de petites incisions avec une pointe
de ciseaux. Enfournez 15 minutes au four préchauffé à 180°,
puis baissez la température et cuisez encore une petite demi-
heure. L'idéal est de cuire les 10 dernières minutes avec chauf-
fage seulement sur la sole du four.

Au mois de mai encore, pèlerinage des gitans aux Saintes-Maries-de-la-Mer ; nous vous proposons deux recettes *boumiano* :

La bohémienne
La boumiano

Emincez finement 400 g d'oignons, mettez-les dans un poêlon avec 5 cuillerées à soupe d'huile d'olive, faites-les fondre et très légèrement blondir. Ajoutez 1 kg de tomates mûres coupées en 4 et épépinées, 5 gousses d'ail et quelques branches de persil, laissez évaporer un peu, puis ajoutez 2 kg d'aubergines (personnellement je ne les épluche pas), coupées en cubes, salez, poivrez, mettez 2 branches de thym, couvrez et faites cuire à petit feu. La bohémienne est réussie lorsque les légumes sont complètement fondus. On peut faire une petite liaison avec une cuillerée de farine, et Mme Chanot nous a assuré que li boumian y ajoutaient un hérisson ! On peut servir la bohémienne avec du gruyère, et la manger chaude ou froide.

Pour rendre ce plat plus nourrissant, on peu y ajouter, pendant la dernière demi-heure de cuisson, 150 g de riz long de Camargue, rincé auparavant.

Le veau à la bohémienne
Lou vedèu a la boumiano

Epluchez 1 kg d'aubergines, coupez-les en dés, ouvrez 2 poivrons rouges, épépinez et coupez en lamelles, épluchez 2 grosses tomates mûres, coupez en dés, lavez 2 branches de céleri, coupez en dés.

Faites dorer dans un faitout avec quelques cuillerées d'huile d'arachide 1 kg de veau (moitié tendron, moitié haut de côtelettes), salez, poivrez, couvrez et laissez cuire petit feu une quarantaine de minutes. Retirez alors la viande, mettez tous les légumes, laissez fondre quelques minutes en tournant, remettez la viande, 2 verres de vin rouge, 1 verre d'eau, sel, poivre. Laissez encore mijoter couvert, à petit feu, 1 heure 1/2. En fin de cuisson, ajoutez un jus de citron et faites une liaison avec un jaune d'œuf.

UNE BOURDIGUE EN CAMARGUE. DESSIN DE E. THIEUX.

HALTE DE BOHÉMIENS EN CAMARGUE.

En juillet, nous monterons dans les Alpes, à la *voto* de Fours : le val de Fours est au sud-est de la vallée de l'Ubaye, à 16 km de Barcelonnette. Pays réputé pour ses lentilles, mais Marcel Provence nous signale aussi «les lasagnes, le mouton, les truites des lacs, vingt fromageons montagnards, les beignets aux noix pilées, les tartes aux groseilles et framboises, les lièvres, le vin du Lauzet, les eaux de noix, de genièvre, de génépi, des hysopes, des aigo ardent».

Quant à nous, nous nous contenterons sagement de manger des *raiolo*, après avoir participé au concours de quilles à la chapelle de Sainte-Anne à 1800 m, si toutefois il existe toujours...

Dans *Le Grand Trésor*, Mistral traduit *raiolo* par : sorte de pâtisserie qu'on prépare dans les Alpes à l'occasion de quelque fête ; elle se compose d'œufs, de fromage, de noix pilées, de persil, de moelle d'os ou de viande hachée que l'on enveloppe dans de petits morceaux de pâte.

Les ravioles de Fours
Li raiolo de Fours

Mettez 800 g de farine dans un saladier, faites le puits, mettez 2 œufs battus, 2 pincées de sel, 1 cuillerée à soupe d'huile de noix, 100 g de beurre et 25 g de saindoux fondus et refroidis, et délayez en versant petit à petit un verre à moutarde d'eau tiède, jusqu'à obtention d'une pâte assez souple. Cette pâte doit ensuite être longuement travaillée, puis reposer au moins une heure.

Pour la farce : la plus classique à Fours est faite de 4 pommes de terre moyennes bouillies, écrasées, et mélangées avec un gros oignon finement émincé et bien doré dans un mélange de beurre et de saindoux ; salez, poivrez et muscadez cette purée épaisse.

Dans d'autres recettes, on ajoute poireaux et échalotes revenus, et un morceau de tome fraîche – ou bien du chou vert blanchi et haché – ou des épinards, des fines herbes, des jaunes d'œuf durs écrasés et du fromage rapé.

De toute façon, pour la préparation des raiolo, il faut couper la pâte en deux, l'étendre finement au rouleau, poser sur une abaisse des petits tas réguliers de farce, mouiller au pinceau dans l'intervalle des tas, poser la deuxième abaisse dessus, découper la pâte farcie en carrés à la roulette. Laissez reposer les carrés au moins une heure sur un linge fariné. Pour la cuisson, à Fours, on fait pocher les raiolo à l'eau frémissante environ 1/2 heure, on les égoutte et on les fait gratiner avec du gruyère rapé et du jus de rôti.

Ailleurs, on les fait souvent frire à l'huile très chaude.

Juin, juillet, août voient sortir dans beaucoup de nos villages et *viloto, li Carreto Ramado*, charrettes ornées de branchages qui parcourent les rues, pour les fêtes votives, à Maussane, Barbentane, Rognonas, Maillane, Saint-Rémy, et j'en passe ! Toute la famille va être rassemblée, mais, comme il va faire chaud, nous allons préparer un repas assez frais : une soupe froide de courgettes, une panse de cochon farcie : je pense que cette recette est un reste de la cuisine du Moyen Age, elle est pratiquée aussi en Ecosse, et on fait aux Pays-Bas des petits paquets de panse de bœuf. Ensuite une salade bien fraîche et, pour dessert, les navettes et les *tourtihado* que nous avons déjà rencontrées.

La soupe de courgettes froide
La soupo fresco de coucourdeto

Lavez 6 courgettes bien fraîches, ne les pelez pas, coupez-les en petits morceaux. Faites-les revenir dans 3 cuillerées d'huile d'olive, puis ajoutez deux bonnes poignées de mie de pain rassis, 1 feuille de laurier, 1 bouquet de persil, 3 gousses d'ail, 1 litre 1/2 de bouillon, du sel, du poivre.
Couvrez et laissez cuire environ une heure petit feu. Passez ensuite à la passoire tamis et mélangez avec un petit bol d'ailloli.

La panse de cochon farcie
La maoucho

Quelques jours à l'avance, commandez à votre boucher un estomac de cochon. Nettoyez-le bien à l'eau tiède courante, en enlevant les restes de la peau intérieure.
Dans un grand récipient, préparez la farce :
2 kg de pommes de terre épluchées et coupées en petits dés, 1 gros chou vert ébouillanté et coupé en fines lamelles, 3 carottes coupées en rondelles, 2 oignons moyens émincés, 4 gousses d'ail et 4 branches de persil hachés, 500 g de lard maigre et 500 g de filet de porc coupés en petits dés, salez et poivrez, il faut que ce soit bien relevé. Mélangez bien.

Remplissez bien la panse avec cette farce, recousez l'ouverture en serrant la chair, entourez-la d'un torchon (personnellement, j'ai pour ce genre d'usage des mousselines épaisses). Ficelez sans serrer, et faites cuire bien recouvert d'eau dans une marmite dans laquelle vous aurez mis un gros bouquet garni, un gros oignon piqué de 2 clous de girofle, une poignée de sel gros, une vingtaine de grains de poivre, 4 grains de genièvre. Laissez bouillonner pendant 2 heures 1/2. Egouttez bien et servez chaud ou froid.

La salade fraîche
L'ensalado fresco

Epluchez et lavez une chicorée bien blanche, égouttez, coupez les feuilles en petits morceaux. Mettez dans le saladier 50 olives vertes et noires dessalées et dénoyautées, 150 g de filets d'anchois du baril bien dessalés, 4 oignons blancs doux et assez petits émincés, quelques feuilles de basilic finement coupées au couteau, 2 gousses d'ail écrasées, du sel, du poivre du moulin, 3 cuillerées de vinaigre, 6 cuillerées d'huile d'olive, mettez la salade, mélangez le tout. Garnissez le dessus avec 2 œufs durs coupés en rondelles, et 3 tomates pas trop grosses et pas trop mûres. Au dernier moment, arrosez de 1/2 jus de citron.

La dernière fête votive à laquelle nous nous rendrons, c'est la grande fête votive de la Sainte-Croix à Rognes. Un de nos amis rognen nous a raconté comment il la voyait avec ses yeux d'enfant : le programme était varié, retraite aux flambeaux, jeux, concert, concours de boules, bal, feu d'artifice. Tout le village était en ébullition, les commerçants installaient baraques et manèges, il y avait des illuminations et la fameuse pancarte "Honneur aux étrangers", pour les voisins de Lambesc, La Roque-d'Anthéron, "et des autres communes limitrophes" ; les marchands de berlingots, de chichis, tentaient les gourmands, qui se désaltéraient à la limonade. Jours de joie pour les enfants qui pendant 3 jours "habitaient un nouveau village, éphémère, plein de bruits et d'agitation, peuplé de hordes inconnues et d'odeurs bizarres !" Nous allons voir comment fabriquer quelques-unes de ces douceurs.

J'ai dans mes vieux livres des recettes pour faire de la limonade, et c'est parfaitement réalisable. Les berlingots font aussi partie de mes souvenirs d'enfant, leur fabrication me fascinait ! Nous allons essayer de les refaire.

La limonade
La limounado

Epluchez le zeste d'une orange ou d'un citron. Coupez-le en lamelles et versez dessus deux verres d'eau bouillante. Laissez infuser jusqu'à refroidissement. Exprimer dans un bol le jus de 5 oranges ou d'autant de citrons, ajouter 300 g de sucre blanc en morceaux, 1 litre d'eau et l'infusion de zestes. Laisser fondre et passez à travers un ligne fin.

Les berlingots
Li berlingau

Versez dans un poêlon 200 g de sucre en morceaux, 3 cuillerées à soupe d'eau, 15 g de glucose et faites chauffer le mélange sur feu moyen. Eliminer les impuretés qui viennent en surface pendant la cuisson à l'aide d'un pinceau trempé dans l'eau froide. Pous-

Notre-Dame de Santé à Carpentras. Dessin de M. Jouve.

sez la cuisson jusqu'au "grand cassé" (150°C) (un peu de sirop prélevé et plongé dans l'eau froide durcit immédiatement et casse comme du verre).

Otez le poêlon de la source de chaleur et incorporez 2 cuillerées à café d'extrait de menthe à l'aide d'une spatule en bois. Versez le sucre sur le marbre légèrement huilé et travaillez-le avec une palette en bois triangulaire pendant qu'il refroidit, en ramenant les bords de la masse vers le centre.

Dès que la température le permet, étirez le sucre à la main de manière à former un long ruban ; repliez ce ruban sur lui-même et étirez-le à nouveau. Procédez de la même manière plusieurs fois puis roulez la bande en un cylindre régulier et découpez les berlingots avec des ciseaux huilés en coupant en diagonale.

LE
MÉNAGE

CAUSERIES D'AURORE AVEC SES NIÈCES

SUR

L'ÉCONOMIE DOMESTIQUE

LECTURES COURANTES

A L'USAGE DES ÉCOLES DE FILLES

PAR

J.-HENRI FABRE

Ancien élève de l'école normale primaire de Vaucluse, Docteur ès sciences,
Correspondant du Ministère de l'Instruction publique,
Lauréat de l'Institut et de la Sorbonne, Officier de l'Instruction publique,
Chevalier de la Légion d'honneur.

Ouvrage adopté pour les écoles de la Ville de Paris

Nouvelle édition entièrement refondue, illustrée de 144 gravures

PARIS
LIBRAIRIE CH. DELAGRAVE
15, RUE SOUFFLOT, 15

Grand'rue à Ventabren. Dessin de J. Garibaldi.

Mais il n'y a pas que les fêtes votives, il faut que nous allions faire nos dévotions et la fête auprès de quelques saints patrons "spécialisées".

Saint Clair patron, comme son nom l'indique, des tailleurs, des couturières, des non-voyants, de ceux qui n'ont pas l'esprit vif : que *San Clar te li duerb*, sous-entendu les yeux de l'esprit, comme disait sa mère à mon amie Germaine quand elle ne trouvait pas un objet.

Garcin écrit en 1840 : «Le corps des tailleurs célèbre la Saint-Clair. Les principaux maîtres invitaient autrefois leurs meilleurs ouvriers et leurs ouvrières à un repas splendide.»

Attestée depuis le XVIe siècle, c'est la fête à Allauch (B.-du-Rh.) : foire aux animaux et jeux d'argent ont été remplacés par vente de gibier, de spécialités gourmandes du pays, nougats, croquants, suce-miels ainsi que loto, belote, danses folkloriques et cochon rôti sur la place.

Comme vous pourriez difficilement envisager de faire rôtir un cochon entier sur votre balcon, je vous suggère d'essayer du cochon de lait en galantine suivant "la vieille formule de la bonne cuisine pour tous, 1902".

Un cochon de lait pèse une dizaine de kilos, votre charcutier pourra vous en fournir un en le commandant quelques jours à l'avance.

Galantine de cochon de lait

*Echaudez, flambez, et désossez jusqu'à la tête que vous ne déta-
chez pas. Prenez 2 livres de foie de veau, et 2 livres de lard que
vous hachez séparément. Mêlez ensemble et ajouter 2 œufs, sel
et épices.*

*Etendez le cochon de lait sur la table tout à plat et couvrez-le de
la moitié de cette farce. Vous mettrez dessus ce que vous vou-
drez : des lardons, du gibier, de la volaille émincés, des truffes
par tranches ; couvrez tout cela du reste de la farce. Recousez la
peau du ventre et rendez à l'animal sa forme naturelle. Enve-
loppez-le d'un linge, en le ficelant de manière à ne pas le défor-
mer, et mettez-le à cuire dans une braisière de sa longueur.*

*Faites-le cuire ensuite avec carottes, oignons, gros bouquet bien
garni, thym, basilic, sel, poivre, épices, ses os et autres débris,
2 pieds de veau, bouillon, une demi-bouteille de vin blanc ;
faites cuire à petit feu pendant environ quatre heures ; égouttez
avant le refroidissement, ôtez le linge. Servez froid sur un plan
et sur une serviette.*

Marion Nazet

Cuisine & fêtes en Provence

Édisud

Mars est dans la piété populaire "le mois de saint Joseph". Cher saint Joseph, il a beaucoup de travail, il est très sollicité : patron, à Marseille, des maîtres d'ache ou remoulat (qui font les rames et avirons), et des pouliers. A Saint-Rémy des "gipié" (plâtriers) et "teulié" (couvreurs) ; en certains endroits des vanniers, cribleurs et même chiffonniers ! et j'en passe beaucoup. Garcin note à Draguignan en 1840 : «Les menuisiers, charpentiers, maçons, serruriers célèbrent la fête de Saint-Joseph. Cette fête est toute religieuse. Cependant, elle se termine toujours par des repas de corps où règne la concorde et confraternité.»

Nous allons donc proposer un menu qui satisfasse tous les goûts : pour les Marseillais une soupe aux crabes et aux moules. Je pense qu'un haricot de mouton, surtout s'il est "distingué", fera l'affaire. Enfin une recette familiale de pommes.

La soupe aux crabes et aux moules de Germaine
La soupo de favouio e de musclo de Germano

Prenez un kilo de favouilles, assurez-vous qu'elles sont bien vivantes. Si l'une ne bougeait pas, jetez-la. Passez-les sous le robinet. Mettez 1 litre 1/2 d'eau à bouillir, quand elle bout jetez-y les favouilles. Laissez-les quelques minutes, le temps qu'elles rougissent ; sortez-les avec une écumoire et mettez de côté.
Lavez et grattez 300 g de moules ; mettez-les à ouvrir dans une casserole vide sur le feu. Dès qu'elles sont ouvertes, sortez-les du feu et conservez-les dans leur eau.
Hachez menu un oignon, faites-le chauffer à petit feu dans 2 cuillerées à soupe d'huile d'olive. Délayez 1 cuillerée à soupe de concentré de tomates dans un peu d'eau des moules, mettez-le avec l'oignon. Mouillez petit à petit avec l'eau des favouilles soigneusement décantée, ajoutez 2 gousses d'ail, 2 feuilles de laurier, 1 branche de fenouil, 1 écorce d'orange, 1 petite boîte de safran, 2 sachets de spigol. Laissez tout petit feu couvert.
Préparez les favouilles, c'est-à-dire arrachez les pattes et les pinces, ajoutez-les dans la casserole. Ajoutez petit à petit l'eau des moules, vérifier l'assaisonnement et poivrez. Laissez cuire

VIEUX PECHEUR. DESSIN D'ALPHONSE MOUTTE.

25 minutes puis passez ce bouillon, ajoutez les moules qui ont été retirées de leurs coquilles puis laissez cuire encore 1 ou 2 minutes.

Disposez dans la soupière des tranches de pain rassis, saupoudrez de fromage râpé, arrosez de 3 cuillerées d'huile d'olive, versez le bouillon et servez. On peut s'amuser à sucer les favouilles que l'on sert sur un plat.

Haricot de mouton distingué
Halicot de moutoun dóu pessu

«Je laisse à d'autres le soin de rechercher l'étymologie de ce nom assez singulier», écrivait Madame Robinet en 1888 ; je pense en réalité que c'est le vieux mot français du Moyen Age halicot qui veut dire morceaux.

Faites tremper 8 pruneaux, faites blondir 2 bonnes cuillerées à soupe de farine dans une poêle à sec (au lieu de la faire roussir dans de la matière grasse).

Faites fondre 2 cuillerées à soupe de saindoux dans une poêle et prévoyez à côté la cocotte où cuira le ragoût. Faites bien rissoler de tous côtés dans la poêle les morceaux de viande (1 kilo 200 de côtes de mouton) et passez-les à mesure dans la cocotte. Quand tous les morceaux sont prêts, ajoutez dans la cocotte un bon bouquet garni avec du basilic, 1 gousse d'ail piquée de 2 clous de girofle et du bouillon chaud juste pour recouvrir la viande, délayez la farine roussie dans un peu d'eau, versez dans la marmite, mélanger bien. Salez, poivrez, muscadez, couvrez et laissez mijoter tout petit feu pendant 1 heure.

Pendant ce temps, épluchez 1 kilo de petits navets nouveaux et 1 botte d'oignons nouveaux, ajoutez-les dans la marmite avec 2 cuillerées à soupe de vinaigre, les pruneaux égouttés et 4 chipolatas. Laissez cuire toujours couvert et petit feu, encore 1 heure au moins. Vérifiez la cuisson et servez.

Les pommes à la crème de Manou
Li poumo à la cremo de Manou

Lavez 6 pommes reinettes, videz-les avec un vide-pomme des deux côtés, épluchez-les ensuite et mettez-les immédiatement dans un saladier plein d'eau froide citronnée.

Mettez dans une casserole large 1/2 litre d'eau, 150 g de sucre, 1 gousse de vanille ; laissez bouillir quelques minutes, puis faites pocher les pommes 10 minutes de chaque côté feu doux. Il faut qu'elles soient tendres mais encore entières. Sortez-les avec une écumoire et une fourchette et rangez-les dans un plat de service. Faites réduire le sirop de cuisson jusqu'à ce qu'il épaississe, versez-le alors sur les pommes.

Préparez la crème en mettant dans une casserole 60 g de sucre en poudre, 50 g de farine, 2 œufs entiers, 1 pincée de sel. Travaillez bien le mélange et délayez peu à peu avec 1/2 litre de lait bouillant. Mettez la casserole sur feu pas très vif et faites prendre la crème en tournant constamment au fouet, jusqu'à ce qu'elle ait donné 2 ou 3 bouillons. Ajoutez alors 40 g de beurre coupé en petits morceaux et tournez encore un instant hors du feu. Ajoutez 2 cuillerées à soupe de liqueur : curaçao, cointreau, kirsh. Versez la crème autour des pommes.

Faites un caramel : dans une casserole mettez 50 g de sucre en poudre, faites chauffer à feu doux sans toucher le caramel, en remuant simplement un petit peu la casserole ; dès qu'il est fait versez le caramel sur les pommes. Ce n'est pas un dessert à manger froid : il est meilleur légèrement tiède.

Fêtons saint Marc, patron des vitriers, des vignerons, des tondeurs de brebis, invoqué contre la vermine et les chenilles, protecteur de vers à soie, ce qui explique que «la plupart des femmes qui suivent la procession des Rogations portent dans leur sein des œufs de vers à soie pour les faire éclore sous la protection du saint évangéliste» (Garcin).

«La tradition se perpétue à Eyguières (B.-du-Rh.) de se rendre le jour de la Saint-Marc à la chapelle Saint-Pierre près de Roquemartine, pour entendre la messe, faire bénir les navettes, manger l'omelette d'herbes et le chevreau de Saint-Marc, *lou cabrit de sant Marc*, pèlerinage qui assurera la santé du troupeau et la réussite des vers à soie, *li magnan*» (Galtier).

Pourquoi une omelette à la luzerne ? naturellement trois versions :

- tradition très ancienne : cela correspondrait à une sorte de mesure hygiénique, à une purification de printemps ;

- des bergers, chargés par leurs femmes d'apporter des épinards pour faire l'omelette, les auraient oubliés et les auraient subrepticement remplacés par de la luzerne ;

- à l'occasion d'une visite de Mistral – en 1869 peut-être – le restaurateur, ancien cuisinier du roi d'Espagne, aurait eu à servir beaucoup plus de convives que prévu et aurait complété le repas par des omelettes à la luzerne.

Choisissez la version que vous préférez, et si vous en trouvez une quatrième, communiquez-la moi.

L'omelette à la luzerne
La troucho à la luserno

Evidemment cette recette ne figure dans aucun livre de cuisine provençale. Je suggère de ramasser 2 grosses poignées de luzerne, de la faire blanchir, de l'émincer, de la passer légèrement dans l'huile à la poêle et de terminer l'omelette comme d'habitude.

EYGUIERES.

La blanquette de chevreau
Lou cabrit en blanqueto

Prenez un bon kilo de chevreau (côte, épaule, poitrine) coupé en morceaux. Mettez dans une casserole, un peu tassé, mouillé juste à couvert d'eau froide, salez. Faites prendre très doucement l'ébullition en écumant à mesure (à peu près 30 minutes). Ajoutez alors 1 carotte coupée en tranches et 1 bouquet garni. Couvrez la casserole, mais pas complètement. Laissez sur feu très doux pour obtenir un léger bouillonnement encore 30 minutes.

Pendant ce temps nettoyez 250 g de champignons de couche, émincez-les, mettez-les dans une casserole avec 40 g de beurre, 1/2 jus de citron et un peu de sel. Faites-les cuire couvert une dizaine de minutes ; tenez au chaud.

Ebouillantez rapidement une vingtaine de petits oignons, épluchez-les, rajoutez-les dans la casserole des champignons, mettez sur feu très doux en rajoutant un peu de beurre et 3 cuillerées à soupe d'eau, faites cuire 30 minutes couvert en sautant souvent.

Préparez la sauce : avec 40 g de beurre et 2 bonnes cuillerées à soupe de farine faites un roux blanc, mouillez avec quelques cuillerées de bouillon de cuisson de la viande. Egouttez les morceaux de viande, tenez-les au chaud, passez le reste du bouillon dans la sauce, vérifiez l'assaisonnement, laissez cuire doucement une vingtaine de minutes, ajoutez alors les champignons et les oignons avec leur jus de cuisson, puis la viande, donnez 2 bouillons.

Procédez à la liaison : mettez 2 jaunes d'œuf dans un bol, mélangez avec 4 cuillerées à soupe de crème fraîche, ajoutez un petit peu de bouillon, délayez bien, versez dans la casserole, ajoutez 1/2 jus de citron. Mettez dans un plat de service et servez tout de suite.

Chevreau rôti

Mettez quelques gousses d'ail dans une épaule de chevreau. Placez-la dans un plat allant au four, badigeonnez-la à l'huile d'olive avec un pinceau et disposez autour des branches de thym et de romarin. Mettez au four bien chaud. En cours de cuisson, badigeonnez la viande avec de l'huile d'olive additionnée d'un peu d'ail haché. Dès qu'elle est cuite (50 minutes environ), salez, poivrez, et servez.

Ce repas se termine traditionnellement par une salade de cresson.

Saint Marcellin, *bon pèr l'aigo bon pèr lou vin*, est particulièrement honoré à Boulon (B.-du-Rh.) où se déroule l'originale procession des bouteilles suivie par un grand nombre d'hommes. Ces dames restent à la maison préparer un bon repas, entre autres des tians dont Mistral dit : «Il faut ne pas être de Provence pour ignorer ce qu'est un tian.» Le tian proprement dit est un grand plat de terre guère profond et fort large. Tout ce qu'on fait cuire dans cet ustensile (et d'habitude cuire au four) se nomme pareillement le tian.

«Il y a le tian d'épinards, le tian de courges, le tian de sardines, d'aubergines, de pommes, de poires, etc. Le tian est un des plats nationaux de la Provence.»

Va pour un tian d'épinards et d'artichauts, nous ferons ensuite une langue de bœuf à la provençale et pour dessert un tian de la.

Gratin d'épinards et d'artichauts
Tian d'espinarc e de cachofle

Hachez finement 1 kilo 1/2 d'épinards crus, ce qui leur conservera toute leur saveur car, comme a dit saint Bernard : «C'est avoir du goût que de trouver aux choses le goût qu'elles ont.» D'autre part parez 6 artichauts, mettez-les immédiatement dans de l'eau citronnée puis coupez-les en tranches fines. Prenez le plat à gratin, disposez un lit d'épinards puis un lit d'artichauts, du sel et du poivre, un filet d'huile d'olive et 2 cuillerées à soupe de gruyère rapé, et cuisez au four 180° pendant 1/4 d'heure avec un papier alu puis encore 1/2 heure à découvert.

La langue de bœuf à la provençale
La lengo de biou à la prouvençalo

Lavez une langue de bœuf à l'eau froide, faites-la blanchir un bon quart d'heure, enlevez la peau. Mettez dans une cocotte 3 tranches de petit salé, 1 cuillerée de saindoux, 1 gros oignon émincé, 3 carottes coupées en tranches, posez la langue dessus, ajoutez 3 gousses d'ail, 3 clous de girofle, 1 bouquet garni, 1 tomate coupée en deux. Couvrez la casserole, mettez-la sur feu modéré ; quand l'oignon aura pris couleur, mouillez juste à hauteur avec moitié vin blanc moitié bouillon, ajoutez sel, poivre, et laissez cuire environ 3 heures.

Vérifiez l'assaisonnement et la cuisson et un quart d'heure avant de servir préparez une sauce rémoulade chaude :

Mettez dans une petite casserole une cuillerée à soupe de moutarde, 1/2 verre à moutarde d'huile d'olive, un peu moins de vinaigre, 1 échalote et 2 branches de persil hachées fin, du sel et du poivre. Mêlez bien le tout ensemble, mettez la casserole sur le feu et au premier bouillon vous la lierez avec 2 jaunes d'œuf que vous aurez délayés d'avance avec 2 cuillerées d'eau ; ajoutez 3 cuillerées à soupe de cornichons hachés.

Au moment de servir, égouttez la langue, fendez-la par le milieu sur toute sa longueur, dressez-la sur le plat en forme de cœur, versez la rémoulade dessus et servez.

Le flan
Lou tian de la

Faites bouillir 1/2 litre de lait ; dès l'ébullition, ajoutez le sucre (125 g) pour qu'il fonde, et le parfum choisi pour qu'il infuse (rhum, citron, vanille). Couvrez la casserole et laissez en attente.

Dans un saladier, battez 3 beaux œufs avec une fourchette, mais sans faire mousser, versez dessus le lait (vérifiez que le sucre ait bien fondu). Mélangez au fouet ou à la cuiller en bois, toujours sans faire de mousse.

Versez dans le plat à gratin, en passant à la passoire tamis. Le plat ne doit pas être trop grand, la crème devant avoir une épaisseur de 4 à 5 cm.

Cuire au bain-marie : mettez le plat dans un récipient large et bas et versez dans ce récipient de l'eau bouillante jusqu'aux 2/3 du plat à gratin. Posez dessus un grand couvercle (ceci pour éviter qu'il ne se forme à la surface du flan une croûte qui noircirait et durcirait). Mettez au four 20 à 30 minutes, pas trop chaud afin d'éviter que l'eau du pochage ne bouille trop fort, car la crème ne doit pas être dure.

Laissez refroidir et, si vous voulez, procédez au glaçage, je l'ai toujours vu faire dans ma jeunesse : répandez 1 cuillerée à soupe de sucre en poudre sur la surface du flan, faites chauffer – dans la braise, si vous avez une cheminée – la pelle à glacer, et promenez-la au-dessus de la crème, aussi près que possible, mais sans toucher au sucre qui fond en formant une légère couche de caramel.

Le 2o Juin 1914.

DINADO PROUVENÇALO

Cavaioun Glaça

Menenèstro Rèino Jano

Roumb boumbi dóu gou Marsihés

Agnelet à la Mistral

Terraieto Sant-Janènco

Gréu de Cachoflo de Maiano

Pintadoun à l'Aste

Insalado deis Ort Prouvençau

Tambourin de Santo-Estello à la Ginesto

Frucho de touto mènço

Besquichelço, Pastissoun, Amendo Sucrado

e touto sorto de bèn de Diéu

DOW'S ROYAL PORT 1890

CHAMBERTIN 1895

MONTRACHET 1895

ST-MARCEAUX - MAGNUM 1904

Au Restaurant dóu "BRISTOL-UNIVERS"

Fai simpre bouen e l'estiéu e l'ivèr

La Saint-Jean, fête des moissonneurs, donne encore lieu dans nos villages à des fêtes pleines de traditions et de symboles, qui se terminent par le fameux "feu".

Saint Jean a la réputation de s'être nourri dans le désert surtout de sauterelles. Il y a beaucoup à dire sur l'entomophagie, encore pratiquée par certains peuples et quelques amateurs ; cette "nourriture par les insectes" est, en fait, de tous les temps et de tous les pays. Mais je m'en tiendrai pour aujourd'hui à ce que nous disait ma grand-mère : «Le grand saint Jean dans le désert ne mangeait que des haricots verts. Nous qui sommes des petits enfants, il nous faut beaucoup de nanan» (friandises, dans le langage des enfants). Nous allons donc faire un bon gâteau.

Le gratin de poires de la Saint-Jean
Lou tian de pero de Sant-Jan

Beurrez largement un plat à gratin rectangulaire, saupoudrez-le de sucre. Pelez 1 kg de poires de la Saint-Jean, coupez-les en lamelles. Mélangez : 250 g de sucre roux, 100 g de noix concassées, 1 cuillerée à dessert de cannelle en poudre, et prévoyez environ 70 g de beurre. Garnissez le fond du plat d'une couche de poires, saupoudrez du mélange et de parcelles de beurre, ainsi de suite jusqu'à épuisement. Vous avez, d'autre part, préparé une pâte feuilletée (ou bien vous l'avez achetée toute faite). Etendez-la à la dimension du plat, en prévoyant 2 cm de plus de chaque côté. Mouillez les bords du plat, disposez la pâte dessus sans l'étirer, au contraire en la soutenant un peu. Pressez la pâte sur le bord du plat pour la coller. Dorez au jaune d'œuf, et faites cuire à four doux 1 h 1/2 à 2 heures.

Il y a une autre recette pour ce gratin de poires : beurrez grassement un plat à gratin, disposez dedans les poires émincées, en couronnes superposées, en contrariant à chaque sens des tranches. Dans le vide formé par la couronne, mettez 2 bonnes cuillerées à soupe de confiture, au choix. Saupoudrez le tout de macarons écrasés, semez largement de noisettes de beurre. Mettez à four assez chaud environ 30 à 40 minutes.

AVIGNON.

Charles Galtier nous apprend que, le 22 août à Vernègues, il y a un pèlerinage à la chapelle de Saint-Symphorien, pour demander la guérison des malformations physiques : «Au cours de ce pèlerinage, on vendait des gâteaux de froment parfumés au safran qui avaient la forme d'une poule et des figurines humaines découpées dans des plaques de fer blanc.» Nous allons essayer de confectionner ces poules.

Les poulettes au safran
Li titeto safranado

Ebouillantez le saladier, coupez dedans 200 g de beurre en tout petits morceaux, ajoutez 200 g de sucre cristallisé, mélangez bien avec une fourchette, sans battre, mais en appuyant ; ajoutez ensuite 1/4 de zeste d'orange, 1/4 de zeste de citron, 2 jaunes d'œuf, en remuant toujours sans battre, puis 1/2 cuillerée à soupe d'eau de fleurs d'oranger et 1/2 cuillerée à soupe de rhum. Mélangez dans 400 g de farine 2 petites boîtes de safran, et ajoutez petit à petit cette farine dans le saladier, en travaillant bien, jusqu'à former une boule que vous roulez à la main. Cette boule doit bien se tenir pour pouvoir être modelée.

Avec une grosse cuillerée à soupe de cette pâte, formez des petites poules que vous posez à mesure sur la plaque du four graissée. Dorez au jaune d'œuf délayé avec une cuillerée de lait, et enfournez au four assez chaud une vingtaine de minutes ; la cuisson est un peu délicate car les poulettes doivent cuire en gardant leur forme.

Et nous finirons notre périple parmi nos saints amis, en musique avec sainte Cécile. Elle est toujours très fêtée par les sociétés musicales, et c'est évidemment l'occasion de quelques banquets.

Un de nos amis de Bédoin nous a confié sa recette de terrine ; avec le rôti de porc nous mettrons des haricots surnommés "les musiciens", et pour dessert une recette ancienne d'un gâteau méridional.

La terrine de Bédouin
La cassolo

Il vous faut : 500 g de chair de lapin, de poule ou de foie de volaille, plus 500 g de poitrine fraîche et gorge de porc. Préparez également un oignon, 2 cuillerées à café de sel, le zeste d'une orange, 1 cuillerée à café de poivre moulu, de quatre-épices, 1 pincée de cayenne, 2 cuillerées à soupe de graisse d'oie ou de saindoux, 1 œuf battu, 2 cuillerées à soupe de cognac ; éventuellement un peu de lait si la pâte est un peu sèche.

Passez viande et poitrine au hachoir, ajoutez tous les autres ingrédients, mélangez bien, mettez dans une terrine, mettez le couvercle, fermez hermétiquement. Cuisez au four 150° 1 heure 1/2 au moins (sans bain-marie), sortez ensuite du four, enlevez le couvercle, nettoyez la farine qui aurait pu rester sur le bord, mettez sous le gril juste 1/4 d'heure pour dorer. Laissez refroidir sous presse. Peut se préparer la veille.

Le rôti de porc à la campagnarde aux haricots
Lou roustit de pourquet eme li faiou

Prenez un morceau de porc de 1 kilo dans le carré ; après l'avoir désossé, étalez-le sur la planche. Vous aurez pilé dans l'égrugeoir 30 g de sel gros, 1 pincée de fleurs de thym séché, 1 pincée de quatre-épices, 1 feuille de laurier, une douzaine de boules de poivre. Avec la main frottez vigoureusement le porc avec ce mélange et laissez-le en attente au frais jusqu'au lendemain.

Le lendemain ficelez le rôti, placez-le dans un plat à rôtir en terre avec quelques cuillerées d'eau, mettez autour du rôti une dizaine de gousses d'ail non épluchées et de feuilles de sauge. Faites cuire au four à chaleur modérée une bonne heure en le retournant 2 ou 3 fois et en l'arrosant de quelques cuillerées d'eau chaude.

Pendant ce temps vous aurez fait cuire 600 g de haricots secs, vous les égouttez et vous les mettez pour le dernier quart d'heure de cuisson dans le plat du rôti pour qu'il s'imprègne bien du jus.

Le gâteau méridional de "La cuisine bourgeoise"

Mélangez 250 g de farine, 250 g de sucre en poudre, 6 jaunes d'œuf, les 6 blancs battus en neige ferme, et 1 petite cuillerée à café de cannelle en poudre. Ne travaillez pas ce mélange, mettez-le dans une tourtière bien beurrée, garnissez le dessus de filets d'amandes et faites cuire 1 heure à four doux.

Ce gâteau se sert avec une mousse ou une crème.

Les travaux, à la campagne, étaient souvent pénibles, mais ils étaient aussi des occasions d'entraide et de fêtes.

A la fin du printemps, le *decoconnage*, comme l'expliquait la vieille Nanon à Marie Gasquet : «C'est la fête des femmes. C'est un travail fin pour lequel on ne change pas de jupe. On se régale de rire et de chansons, et la besogne est si douce que l'on ne paye jamais la main-d'œuvre. Elisa nous fera une belle collation et le soir des corbeilles verseront (...). Saint-Marc envoie les buscatelles les ganses les croquants et les banastes de cerises (...). Dans la cuisine sur la nappe de corda roux, la collation était service ; les jattes de caillé, l'oule de miel, les toupines de confitures, le bocal de griottes et les litres de vin émergeaient d'un tapis de cerises et d'amandes.»

Nous allons donc confectionner quelques douceurs.

Les buscatelles
Li buscatello

Mistral dans Le Grand Trésor les définit : "petits biscuits de consistance légère que l'on vend attachés à du papier".

Tamisez dans un saladier 250 g de farine, ajoutez 200 g de sucre en poudre, mélangez bien. Fouettez légèrement 6 blancs d'œuf dans un autre saladier. Mélangez-les par petites portions à la farine et au sucre en tournant avec le fouet à main. Complétez la préparation avec 20 cl de crème fraîche fluide de façon à obtenir une pâte à peine coulante. Travaillez cette pâte

au fouet à main pendant une bonne dizaine de minutes.
Avec un pinceau huilez la plaque du four, posez dessus une feuille
de papier blanc que vous saupoudrez de 50 g de sucre en poudre.
Mettez la pâte dans une poche à douille et faites-la couler sur le
papier blanc en bâtonnets de 7 à 8 cm de long ; avec la passoire
tamis saupoudrez très légèrement de 50 g de farine ; mettez au
four 150° dix à quinze minutes.

Les croquignoles
Li castagnoto

Mettez dans un grand saladier 5 blancs d'œuf, battez-les légère-
ment et incorporez en tournant avec une cuiller en bois : 300 g
de farine, 300 g de sucre en poudre, 1 cuillerée à soupe d'eau de
fleurs d'oranger, 1 noix de beurre fondu, 1 pincée de sel.
La pâte obtenue doit être bien liée, un peu épaisse, mais doit
pouvoir être mise dans la poche à douille ou à défaut dans un
entonnoir.
Graissez la plaque du four, faites couler dessus la pâte par petites
portions que l'on coupe à mesure au ras du bec de l'entonnoir
avec la lame d'un couteau trempé dans un blanc d'œuf légère-
ment battu. (Dans les recettes anciennes on indique d'utiliser
une aiguille à tricoter en métal.) Cuire une vingtaine de minutes
au four 200° en surveillant bien la cuisson. Cela donne des petits
gâteaux durs mais de bon goût.

Les macarons aux pignons
Li macarroun i pignoun

Travaillez au mortier 250 g d'amandes mondées avec 500 g de
sucre et 6 blancs d'œuf ; que la pâte ne soit pas trop ferme.
Mouillez votre main droite et moulez en rond votre pâte que
vous roulez dans des pignons rapés en poudre, disposez vos
macarons sur papier blanc très légèrement fariné et faites cuire
20 à 25 minutes à four modéré.

Mistral dans son livre *Memòri e raconte* nous donne des détails sur le travail fatigant des moissonneurs et sur leur nourriture : la journée commençait "a la primo aubo" et au bout de quatre heures de travail, les moissonneurs prenaient leur premier repas : «C'était moi qui, dans les *ensàrri* (cabas de sparterie), leur apportais le manger. Les moissonneurs faisaient leur cinq repas par jour : vers 7 heures le déjeuner qui était un anchois rougi par la saumure, écrasé sur le pain, avec un peu de sauce, vinaigre et huile dans un plat et des oignons rouges qui emportaient la bouche ; vers 10 heures, *lou grand bèure*, le second déjeuner qui était un œuf dur dans sa coquille avec un morceau de fromage. A 1 heure le dîner qui était une soupe et un plat de légumes cuits à l'eau ; vers 4 heures, le goûter, une grosse salade avec des chapons frottés d'ail, et le soir, le souper : viande de porc ou de brebis et une omelette à l'oignon nommée *meissouneno*.» Et Mistral ajoute : «C'était toujours une fête, une fête surtout quand on faisait la ronde autour du feu de la Saint-Jean.»

Marie Mauron, elle, écrit : «Je les revois, ces repas – communions du grand labeur achevé en commun où, dans la chaude nuit d'été, la joyeuse fraternité guérissait chez tous la fatigue (...). Les plats de grosse faïence débordants de soupe aux légumes épaisse, puis le rituel bœuf en daube, son riz ou ses nouilles d'accompagnement, les coqs rôtis entourés de saladiers verts. Venait ensuite la ribambelle des fromages, et enfin tous nos fruits d'été avec le mousseux qui faisait sauter les bouchons.»

L'omelette aux oignons
La meissounenco

Emincez finement 1 gros oignon, faites-le blondir à la poêle avec quelques cuillerées d'huile d'olive. Battez légèrement dans un saladier 8 œufs avec sel et poivre, rajoutez un petit peu d'huile dans la poêle et faites l'omelette à l'ordinaire.

VENCE.

Le foie à la moissonneuse
Lou fege à la meissounenco

Coupez 1 bon kilo de foie d'agneau en tranches minces, faites-le sauter à la poêle à feu vif avec une cuillerée de saindoux, rapidement pour qu'il ne durcisse pas. Enlevez-le de la poêle, tenez au chaud. Rajoutez dans la poêle une bonne rasade d'huile d'arachide et faites revenir longuement 6 oignons finement émincés (ils doivent être presque fondus), ajoutez une cuillerée à soupe de farine, faites-la bien revenir, puis 1 grosse tomate coupée en morceaux, 1/2 verre de vin blanc, laissez un peu évaporer, remettez le foie, faites réchauffer et servez.

Le coq rôti
Lou gau roustit

L'idéal serait évidemment de le faire rôtir à la broche au feu de bois mais ce n'est pas toujours possible. Donc pour le rôtissage au four, bardez de lard le coq, mettez-le au four bien chaud 20 minutes par 1/2 kilo, en cours de cuisson arrosez-le de beurre frais avec un pinceau, salez-le en fin de cuisson. Il est à point lorsque le jus qui s'échappe en le piquant légèrement est absolument blanc. Si vous désirez qu'il soit plus doré, enlevez les bardes avant la fin de la cuisson.

Gros chantier encore chez nous : les vendanges. Yvan Payan nous a raconté ses souvenirs de repas à Puyloubier : «Pour étrenner le vin nouveau, mon grand-père, qui avait toujours la haute main dessus, offrait un gueuleton de première, un peu rustique, préparé de main de maître, à toute la troupe, avec des gros plats de charcuterie, de la daube et des lasagnes, des pieds et paquets et des melons "verdau" si goûteux et du raisin, et le bon vin nouveau coulait à pleins bords dans le gosier des convives, assez pour les désaltérer.»

Chez Baptiste Bonnet, à Bellegarde, c'était plus sobre : «A midi, on allait déjeuner sous les arbres ; nous avions pour chaise la terre, la besace pour table, une tranche de pain pour assiette, un beau filet de hareng qui nageait dans l'huile, avec des oignons et des poireaux pour l'écraser. Comment voulez-vous qu'on ne fût pas joyeux ? Comment ne pas se lécher les doigts jusqu'au bout des doigts ?»

Dans le Var, on faisait le *saussoun* que Mistral décrit comme une «espèce de sauce faite de noix ou d'amandes pilées, auxquelles on ajoute quelques gousses d'ail, un anchois, de l'huile, du verjus et beaucoup d'eau. Les paysans des environs de Grasse trempent leur pain dans ce ragoût». (Le verjus, extrait du raisin cueilli vert, très utilisé dans la cuisine du Moyen Age, ne l'est plus du tout aujourd'hui.)

Lou saussun

Mondez 2 poignées d'amandes, dessalez 1 hecto de filets d'anchois, prenez aussi un brin de fenouil frais et 2 feuilles de menthe, pilez le tout dans le mortier et ajoutez, pour éclaircir la sauce, 2 cuillerées d'huile d'olive et 1 cuillerée d'eau. Vous pouvez tremper dedans vos morceaux de pain ou en tartiner de minces tranches de pain.

En compagnie de Marie Gasquet, nous nous trouvons maintenant au Moulin d'Huile, "ouvert des morts aux Rois" :

«Avant les simplifications du machinisme, un prestige s'attachait en Provence aux fonctions demi-publiques où le travail rejoint les traditions les plus lointaines : être meunier au moulin d'huile du père Loubeau pendant six semaines par an supposait, avec des muscles fameux, une si haute garantie morale qu'il était d'usage, jadis, de se léguer la fonction (...). Les meuniers étaient nourris chacun par sa famille – prétexte ingénieux pour avoir des nouvelles de tous. Chaque matin, les femmes arrivaient, fleurant la maison et le froid et traversaient dans sa longueur la salle du moulin. Posant leurs paniers sur les bancs, elles se tenaient debout à fleur de grignon, attendant, dans leur modestie soigneuse, que leur homme ait fini.»

Mais on va sûrement nous offrir *la brissaudo* ; curieusement, ce mot ne figure pas dans *le Grand Trésor*. M. Benoît, dans *Le Folklore de la Provence*, écrit : "Tourtes ou beignets à l'huile", mais nos amis de Vence nous ont donné la recette exacte : c'est une tranche de pain de campagne, rôtie au feu de bois (le meilleur feu étant celui de grignons, résidus du marc d'olives), frottée d'ail et trempée dans l'huile vierge, à déguster avec un petit vin de pays, rosé ou blanc. A Grasse, on l'appelle *la goustado*, à Nice *la creissenço*, ailleurs *la croustado*.

Et je pense que l'on nous offrira aussi un petit verre de coudounat.

Coudounat
Ratafia de coing

Lavez des coings bien mûrs, râpez-les jusqu'au cœur sans les peler, en enlevant les pépins. Laissez macérer 3 jours en lieu frais, puis mettez-les à égoutter sur un tamis de crin et pressez pour en retirer tout le jus. Mesurez et mêlez avec une égale quantité d'eau-de-vie ; ajoutez 300 g de sucre par litre de ce mélange, 1 g de cannelle, 1 clou de girofle. Laissez infuser 2 mois, filtrez, mettez en bouteille.

La cuisine du cochon est toujours un grand moment à la campagne. Toute la famille, les voisins, les spécialistes participent au travail et c'est, bien sûr, l'occasion de bons repas, avec beaucoup de viande de porc et de pommes de terre. C'est vraiment "la fête du cochon".

Comme l'écrit Anne-Marie Topalov : «Saigner le porc est en janvier l'occasion d'une fête entre parents et voisins qui ont "aidé au cochon". Le repas a lieu soit le soir même de l'abattage, soit le lendemain, quand la cuisine du porc est terminée (...). La fête du cochon comprend aussi bien son abattage que sa cuisine et la consommation du repas de la fricasse est à la fois une des fêtes les plus typiques du carnaval bas-alpin et une de celles qui perdurent encore de nos jours.»

La fricasse
La fricasseio

Le mot fricasssèio désigne à la fois le présent de quelques morceaux de cochon que l'on fait aux amis et autrefois au curé, et la recette suivante :
Prenez des morceaux gras du cou du porc, de l'épaule ; faites revenir dans un poêlon à l'huile d'olive, de l'oignon émincé, puis mettez la viande, faites-la revenir, ajoutez du thym, du laurier, du sel, du poivre. Vous aurez fait cuire d'autre part à l'huile d'olive des petits dés de pommes de terre avec beaucoup d'ail, du sel, du poivre. Mélangez-les avec la viande, et cuisez à feu doux en tournant souvent jusqu'à cuisson complète. On sert généralement avec des croûtons frits.

Ragoût de pommes de terre de Brigitte

Mettez dans une cocotte ou dans un poêlon en terre 5 saucisses de ménage, 2 oignons entiers assez gros, 3 gousses d'ail, 1 bouquet de persil, 1 cuillerée à soupe de coulis, 12 pommes de terre moyennes épluchées et coupées en gros morceaux, 2 poignées d'olives noires, 2 feuilles de laurier. Mouillez d'eau juste à cou-

vert, salez, poivrez. Laissez mijoter au moins 2 heures en véri-
fiant qu'il y ait toujours assez d'eau pour que le ragoût soit
moelleux.

La charlotte au chocolat

Faites fondre doucement 80 g de chocolat à cuire en tablette
coupé en petits morceaux dans très peu d'eau. D'autre part, bat-
tez 1/4 de litre de crème chantilly jusqu'à ce qu'elle soit bien
ferme, mélangez soigneusement dans un saladier 2 jaunes d'œuf
et 60 g de sucre, puis le chocolat, la crème, et enfin 3 feuilles de
gélatine (9 g en tout) que vous aurez lavées et fait fondre dans
2 cuillerées d'eau chaude. Mélangez délicatement le tout, et ver-
sez dans un moule à charlotte que vous aurez auparavant garni
de biscuits à la cuiller. Mettez au frais jusqu'au lendemain. Ser-
vez nature ou avec une crème au chocolat.

CABANES DE PECHEURS AU VALLON DES AUFFES À MARSEILLE.
DESSIN DE B. MOURAILLE.

Mais il y a encore beaucoup d'autres occasions de faire la fête. Tenez, par exemple, à Carry, en février, c'est la Fête de l'Oursin qui malgré la mauvaise saison – qui parfois contrarie la pêche car les oursins se vident par gros temps, le mieux étant de les ramasser à la pleine lune – attire beaucoup de monde dans une ambiance sympathique.

Pour faire "l'oursinade", que Mistral traduit "mets ou repas composé d'oursins", nous avons le choix :

"On les mange à la mouillette", comme les œufs à la coque. Mon *Manuel de la cuisinière provençale* de 1858 indique aussi : «Nous avons vu quelques personnes manger des oursins avec des mouillettes de pain enduites de fromage de chèvre et trouver à ce mélange un goût exquis. C'est un essai que l'on peut faire sans beaucoup de peine.» Je connais des damottes qui les mangent à la cuiller à café, mais nous avons aussi quelques recettes plus élaborées comme l'omelette aux oursins : les darnes (que certains appellent les pattes, ou les gonades ou le corail) étant mélangées aux œufs battus. Avec du poisson blanc cuit au court-bouillon, vous servirez :

La sauce aux oursins
L'oursinado

Battez 4 jaunes d'œuf crus, ajoutez 50 g de beurre fondu, et quelques cuillerées du court-bouillon de poisson. Vous aurez d'autre part pris suffisamment de darnes d'oursin pour en remplir un grand verre, vous mélangez cette purée avec les autres éléments et vous faites chauffer le tout au bain-marie, longuement, sans cesser de tourner. Versez cette sauce sur des tranches de pain, et servez le poisson à part.

PORTE D'ENTRÉE ET EMBARCADERE DE L'HOPITAL
DE SAINT-MANDRIER, PRES DE TOULON.
DESSIN DE M. JOUVE.

Quelle bonne idée ont nos amis de Salon et d'Aubagne d'organiser chaque année un "Concours d'Ailloli" (en provençal *Aiòli*). L'ailloli est cette "sorte de pommade parfumée à l'ail" ! (sic dixit un journaliste parisien) ; un autre mieux inspiré a écrit : «l'ailloli, ce mets que l'art culinaire provençal a porté au plus haut perfectionnement».

Mais attention, mettons-nous bien d'accord sur un point : contrairement à ce que certains imaginent, la cuisine provençale ce n'est pas "de l'ail et des herbes". Les herbes, allez donc les ramasser dans la colline, mais, de grâce, emportez votre sécateur de poche, n'arrachez jamais un pied de thym, de romarin ou de pèbre d'ai (sarriette), ce serait un crime ! Quant à l'ail, si la production annuelle en France est d'environ 45 000 tonnes, 60 % vient du sud-ouest et tout juste 30 % du sud-est, et j'ai toujours vu manger beaucoup plus d'ail dans ma famille toulousaine et auvergnate que marseillaise.

Mais ceci dit, j'aime ce que le père de Baptiste Bonnet disait à ses enfants : «Que manquer d'ail ne vous arrive jamais, mes enfants, (...) l'ail fait fuir les serpents, les scorpions, les aragnes ; l'ail tue les vers, les vermines que nous avons dans le corps, écarte les vents d'estomac ; l'ail est la dernière ressource de l'homme. Mangez de l'ail, mangez-en comme votre père, et je vous promets que vous grandirez comme la pâte gonfle au levain.»

Evidemment il n'y a que nous qui faisons l'ailloli. Bien des écrivains lui ont consacré les lignes enthousiastes en prose et en vers. Ils ont fait aussi assaut d'imagination pour expliquer son origine. Qui l'a inventé ? Une certaine dame Testhyles, cuisinière du poète latin Virgile qui écrit dans sa seconde églogue : «C'est l'heure où les troupeaux cherchent l'ombre, une femme pile dans un mortier l'ail parfumé.» Joseph Mathieu écrivait dans *La Revue de Provence* en 1906 : «On sait que ce fut un Marseillais qui commença par broyer 2 gousses d'ail avec 1 jaune d'œuf entre 2 tranches de pain, et que ce fut un Phocéen qui, par une véritable inspiration gastronomique, y mêla de l'huile fine — ce trait de génie nous a valu l'ailloli tel qu'il est parvenu jusqu'à nous.» Oui, mais comment le sait-il ? Dans *Le Cuisinier Royal*, de Taillevent, qui était comme chacun sait "maistre des garnisons de cuisine" du roi Charles VI vers les années 1380, est donnée une recette de "sauce à l'aillée" qui n'est évidemment pas l'ailloli, mais la consonance y est. Ce qui est sûr, c'est que le comte de Provence, futur Louis XVIII, venant visiter Marseille, apprécia plus que tout dans le banquet qui lui était offert "l'ailloli" qui paraissait surtout exciter sa curiosité et son appétit. Et enfin Mistral a écrit : «nautri, li bon prouvençau, au sufrage universau, voutaren pèr l'àli e faren l'aiòli».

Mon ailloli

Maintenant passons au côté technique. Il faut d'abord que je vous fasse un aveu, mais surtout ne le répétez pas : l'ailloli n'est pas ma spécialité, je ne le réussis pas à tous les coups. Il fut un temps où j'aurais pu faire appel à un "releveur d'ailloli" professionnel, qui, d'après Joseph Méry, faisait sa tournée dans Marseille tous les vendredis. Je vais quand même essayer de vous donner un petit truc : en fait, l'ailloli est confectionné sur le principe de la mahonnaise (sic, il n'y a pas d'erreur d'impression, elle fut paraît-il inventée le soir de la bataille de Fort-Mahon Minorque en 1756, par le cuisinier du duc de Richelieu, vous savez, ce fameux coureur de cotillons qui déshabillait les femmes à la pointe de son épée ; maintenant ce serait facile, mais à l'époque, avec toutes les attaches et les épingles...). Voilà mon truc : pilez d'abord dans le mortier en marbre 2 gousses d'ail par personnes (inutile d'en mettre trop, ce n'est pas meilleur pour cela), avec 2 bonnes pincées de sel gros. Avec 1 jaune d'œuf dur, ajouter 1 jaune d'œuf bien frais, puis en tournant toujours et presque goutte à goutte, environ 1/2 litre d'huile pour 6 personnes (personnellement je préfère mettre 3/4 d'huile d'olive et 1/4 d'huile d'arachide).
Comme accompagnement, tout ce qui est de saison : carottes et pommes de terre cuites en leur robe des champs, haricots verts, artichauts, topinambours, œufs durs, escargots... La morue y figure toujours. Elle était très consommée en Provence, d'abord elle se conserve assez longtemps, ensuite elle n'était pas chère (ça

a changé), enfin peut-être parce qu'elle aurait été apportée dans nos régions au Moyen Age par les pêcheurs de l'océan glacial arctique qui venaient s'approvisionner dans les "ports du sel", Aigues-Mortes en particulier, pour conserver les morues qu'ils allaient pêcher ; ils échangeaient les morues préparées contre les sacs de sel. C.Q.F.D. De toutes façons j'espère que vous pourrez gagner le concours d'ailloli, vous régaler, et faire ensuite un bon "pénéquet".

La bouillabaisse à Toulon. Dessin de Letuaire.

Savez-vous que les Marseillais sont les inventeurs de la "résidence secondaire ?" Mais oui, depuis des siècles, depuis l'occupation romaine assurait Paul Arène, les Marseillais ont aimé se rendre en fin de semaine à leur cabanon ou, s'ils étaient plus fortunés, à leur bastide. Mademoiselle de Scudéry en 1644 assurait en découvrir depuis la colline de Notre-Dame de la Garde plus de 12 000, et puis tout le monde a lu Pagnol ! Mais ils n'étaient pas les seuls. Pour les Aixois c'était le bastidon, pour les Nîmois le maset. Il y aurait tant à dire sur le sujet, des livres ont été écrits, dont une thèse d'ethnologie sociologie, mais je crois que Frédérique Hébrard l'a très bien exprimé : «Le maset était l'expression d'une civilisation où la ville et la nature se rejoignaient en un bouillonnement heureux. Le maset illuminait la vie des Nîmois, l'enracinait comme Jupiter enracinait d'heureuses mortelles en les couvrant pour l'éternité de feuillages et d'oiseaux.»

Enfin les cabanons existent encore, heureusement (demandez leur avis aux "cabanonniers" de Sormiou, calanque près de Marseille), et y aller c'est toujours une fête et un bon repas fait partie de la fête. Qu'allons-nous faire ? Il faut un menu qui ne donne pas trop de travail. Si le cabanon est au bord de la mer, le poisson ne manquera pas, on pourra faire la bouillabaisse. On peut faire l'ailloli ; dans ma jeunesse, au bastidon, c'était la spécialité de l'oncle Paul, mais il ne fallait ni lui parler, ni le regarder, ni même s'en approcher, sous peine de faire tomber l'ailloli !

Les grillades : côtelettes, côtes de bœuf, poissons, risquent maintenant de causer des problèmes, avec l'interdiction d'allumer du feu, indispensable, hélas, à cause des funestes incendies. Dans les périodes où on peut en faire, nous allons utiliser le barbecue, qui devrait s'écrire : barbe-cul, car c'est un mot français qui nous est revenu en faisant un petit détour par l'Amérique. Apprenez que barbe-cul est un mot venu tout droit des flibustiers français qui faisaient rôtir les chèvres "embrochées de la barbe à la queue" et non d'un nom indien comme le prétendent les dictionnaires (cf. *La France et les Français d'outre-mer*, Cornevin). Maintenant les recettes de trois petites fantaisies faciles à réaliser et pour dessert, si les écureuils ne mangent pas tous les pignons (comme ils le font à mon bastidon), vous pourrez confectionner une bonne tarte.

La Bouillabaisse

Y A QU' ÇA

COUPLETS

CRÉÉS PAR

M. Victor BLANC

DANS

la Revue Maï Tu Que Fas ?...

AU

BON THÉATRE

MARSEILLE

PAROLES ET MUSIQUE

DE

FRANÇOIS LAURENT

Les riblettes
Lou reguignèu

Choisissez du petit salé un peu maigre, coupez-le en tranches longues et minces, faites-les très légèrement griller, déposez-les sur des croûtons de pain, recouvrez-les d'un peu d'oignons hachés, poivrez, arrosez de quelques gouttes de vinaigre. Dans certaines recettes on passe le petit salé à l'œuf battu et on le fait frire. Lou reguignèu, c'est un ruade, c'est-à-dire qu'il faut laisser sur le gril le temps d'une ruade.

Les tartines aux anchois
Lou quichet

Anen esquicha l'anchoïo. Prenez, par personne, 2 anchois du baril, dessalez-les, levez les filets. Mettez-les mariner dans une assiette creuse avec huile et vinaigre. Prenez un gros pain rassis, fendez-le en deux dans la longueur, faites autant de parts qu'il y aura de convives et préparez une corbeille de morceaux de mie de pain. Sur la table chacun prend son gros morceau de pain et met dessus sa ration d'anchois. Avec les petits morceaux de pain écrasez peu à peu les anchois, quand il n'en reste plus arrosez de quelques gouttes d'huile, mettez sur le gril, laissez un peu dorer et mangez votre croûton bien chaud.

Le pain mouillé
Lou pan bagnat

Voici la recette des familles niçoises, communiquée par notre amie Francine Gag : commencez la préparation 1/2 heure avant la dégustation, prévoyez autant de petits pains ronds que de convives, battez ensemble quelques cuillerées d'eau et quelques cuillerées d'huile d'olive, humectez la mie des pains ouverts en deux. Laissez imprégner pendant que vous préparez la garniture. Celle-ci est composée de : œuf dur, thon au naturel, févettes, cébettes, basilic, poivron vert, tomate, anchois. Tous ces éléments auront été émincés et poivrés, vous ajoutez ensuite quelques olives noires de Nice. Versez quelques gouttes de vinaigre sur le pain, garnissez la moitié inférieure avec la préparation, arrosez le dessus d'un petit peu d'huile d'olive et de vinaigre et refermez.

La tarte aux pignons du bastidon
La tarto i pignoun dou bastidoun

Préparez une pâte brisée avec 125 g de farine et 75 g de matière grasse, selon la méthode habituelle. Abaissez-la, garnissez-en un moule beurré de 20 cm de diamètre. Farinez le fond de la pâte avec 2 cuillerées à soupe de gelée de cassis, puis de crème pâtissière encore tiède, saupoudrez de 2 cuillerées à soupe de poudre d'amandes et de 100 g de pignons, enfournez au four 200° trente minutes environ. Pendant les dix premières minutes recouvrez d'un papier alu. Pour éviter que le fond de la pâte ne se ramollisse, on pourrait d'abord la faire cuire à blanc dix minutes et la saupoudrer très légèrement de farine avant de mettre la crème pâtissière.

Mais nous sommes au cabanon et j'allais oublier de vous parler de la soupe au pistou, je suis impardonnable !

Opinions divergentes sur son origine ; Régine Pernoud écrit : «La soupe au pistou provençale est typiquement médiévale.» Mireille Lesbros nous assure qu'elle est née d'une idylle entre un marquis et une duchesse en 1799 ; moi, je suppose tout simplement que les ouvriers italiens qui sont venus travailler au chemin de fer vers 1840, logés dans des baraquements, avaient leurs cantines, avec leurs cuisinières qui leur confectionnaient "la minestra", leurs voisines marseillaises sont venues un peu "espincher" et elles ont adopté et adapté la recette, comme elles l'ont fait pour d'autres plats aussi. Presque chaque famille a "sa" recette ; aujourd'hui, je vais vous donner celle de notre vieille voisine à Saint-Antoine (banlieue nord de Marseille).

Le pistou, c'est le pilon dans les Alpes, et il sert pour piler ; en provençal pista, c'est la garniture qui a pris, elle aussi, le nom de "pistou". Le basilic c'est *lou baseli* ou, comme disait toujours ma grand-mère, le balicot.

La soupe au pistou comme à Saint-Antoine

Nettoyez et coupez très finement avec des ciseaux deux poireaux ; faites-les fondre tout petit feu dans 2 cuillerées à soupe d'huile d'olive. Ajoutez 2 tranches de petit salé épaisses d'un doigt coupées en petits morceaux, faites-le fondre.
Mettez 1/2 kg de haricots à égrener rouges, 1/2 kg de haricots coco et 3 litres d'eau.
Laissez bouillir une heure, puis ajoutez 1/2 kg d'écheleurs, 5 courgettes et 4 pommes de terre coupées fin. Faites cuire encore tout doucement pendant deux heures.
Pendant que ça cuit, épluchez l'ail, pilez-le au pilon dans le mortier, coupez fin le basilic, pilez aussi, épluchez et épépinez les tomates, coupez en petits morceaux et finissez de bien piler ces 3 éléments. Ajoutez tout doucement 4 cuillerées à soupe d'huile d'olive, une tête d'ail, 3 poignées de basilic et 3 tomates mûres.
Un quart d'heure avant la fin de la cuisson, mêlez cette préparation dans la soupe et mettez également 2 poignées de coquillettes moyennes, et finissez le dernier quart de cuisson. Saupoudrez de 50 g de râpé ou de Hollande, donnez quelques bouillons.
Servez avec, sur la table, un ravier de fromage râpé.

EN CHASSE ! DESSIN DE M. CABASSON.

On peut être pour ou contre la chasse, évidemment, mais les "repas de chasseurs" sont renommés, si nous en croyons le menu signalé par Garcin en 1840 : soupe aux grives à la provençale, fricot d'escargots, abatis de dindonneaux, chaufroix de volaille.

La soupe aux grives à la provençale (recette de 1845)

Videz 8 à 10 grives ; flambez-les, faites-les cuire au four avec du beurre ; laissez-les refroidir. Réservez les intestins. Pilez les grives ; quand elles sont converties en pâte, ajoutez la même quantité de tranches minces de pain, grillées ou colorées au four ; les piler ensemble. Délayez ensuite cet appareil avec 2 litres de bon bouillon ; le verser dans une casserole, le faire bouillir, le retirer sur le côté du feu. Ajoutez à la soupe un petit bouquet d'aromates, la cuire 1/4 d'heure. Dégraissez-la, passez-la à l'étamine ; lui mêler 200 g de riz blanchi et cuit dans du bouillon ; ajoutez 1 cuillerée d'intestins de grive cuits, passés au tamis, et délayez avec un peu de potage.

Le fricot d'escargots à la provençale

Nous emprunterons cette recette à M. Viaud (chef de cuisine des principales maisons) dans son livre «Les escargots, leur préparation culinaire en 50 manières» vendu en 1902 au profit de "la cuillerée de soupe".
Après avoir mis les escargots à dégorger dans une poignée de sel, lavez-les, blanchissez-les à l'eau et égouttez-les. On compte habituellement deux douzaines d'escargots par personne. Faites-les mijoter pendant 3 heures avec oignons, carottes, thym, laurier, persil, fenouil, moitié vin blanc, moitié eau, sel, poivre, épices. Egouttez-les, remplissez les coquilles avec un composé d'huile, purée d'anchois, ail, persil, purée de tomates, 1 cuillerée de mie de pain fortement épicée. Passez au four, servez bouillant.

Les abattis de dindonneau en fricassée
Li menuso en fricassado

Préparez cou, tête, gésier et ailerons du dindonneau, ainsi que 400 g de découvert de porc que vous coupez en gros morceaux. Faites fondre une bonne cuillerée à soupe de saindoux dans un poêlon, faites-y revenir, mais non roussir, les viandes, retirez-les ensuite, mettez-les en attente au chaud dans une casserole couverte ; faites revenir et légèrement roussir dans le poêlon 1 gros oignon haché, ajoutez 1 bonne cuillerée à soupe de farine, faites-la revenir, puis 2 cuillerées à soupe de coulis, mélangez bien, mouillez avec 1 verre de vin blanc sec chauffé, laissez un peu évaporer. Ajoutez ensuite de l'eau chaude. Epluchez 250 g de carottes, 250 g de navets et 1 petit pied de céleri en branches, mettez dans le poêlon, ainsi que les viandes et le jus qu'elles ont rendu, salez, poivrez, épicez, vérifiez que la sauce couvre juste la préparation, mettez le couvercle et laissez mijoter 2 heures. Le feu doit être très doux. On peut prolonger la cuisson.

Le chaufroix de volaille

Chaufroix est le nom d'un illustre cuisinier du XVIIIe siècle. Peut se faire avec pintade, faisan, grive, perdreau, poulet. Aujourd'hui ce sera une pintade. Peut se préparer la veille.
Faites cuire la pintade bardée, à point, mais pas trop, 10 à 20 minutes par demi-kilo, de préférence à la broche. Si vous avez les foies, mettez-les de côté. Mettez la volaille au frais.
Le lendemain, découpez la pintade : détachez les cuisses en enlevant bien toute la chair le long de la carcasse – avec un petit couteau, tracez une incision juste sur le milieu de l'estomac et enlevez ensuite les 2 ailes puis détachez les filets de chaque côté du bréchet –, enlevez la peau des cuisses et des ailes – si la chair est importante, en faire 2 escalopes, et supprimer l'extrémité de l'os –, coupez les cuisses en 2 à la jointure du pilon, retirez l'os du haut de cuisse dont vous ferez 2 morceaux.
Donnez quelques coups de couperet sur les os, carcasses et peaux

*restants, hachez le foie finement. Coupez en petits carrés les élé-
ments d'un mirepoix : 1 oignon, 2 carottes, 1 bouquet de queues
de persil, 1 petite côte de céleri, 2 échalotes, 1 morceau de lard de
200 g. Faites chauffer 2 cuillerées à soupe de margarine dans une
casserole à fond épais, faites-y colorer doucement le mirepoix,
plus les os cassés et le foie haché. Le tout étant sur le point
d'attacher, mouillez avec 1 verre de vin blanc sec chaud. Ajoutez 2 cuillerées à soupe de purée de tomates, laissez réduire, puis
1 litre de bouillon chaud, faites prendre l'ébullition, mettez
thym, laurier, sel, poivre, muscade. Vérifiez l'assaisonnement,
couvrez, laissez cuire tout doucement environ 45 minutes, puis
passez au tamis.*

*Préparez un roux blond avec 2 cuillerées de matière grasse et
4 cuillerées à soupe rases de farine, mouillez avec le bouillon.
Faites "dépouiller", c'est-à-dire laissez bouillir tout doucement
non couvert en enlevant avec une cuiller l'écume qui se forme sur
le bord de la casserole, ce qui permet de purifier la sauce et d'enlever l'excès de graisse. Compter environ 30 minutes d'ébullition.*

*D'autre part, délayez le contenu de 2 sachets de gelée dans 1/4
de litre d'eau froide, posez sur le feu, ajoutez la sauce par petite
quantité (il doit y en avoir juste 1 litre) et sans cesser de tourner,
au premier bouillon enlevez du feu, ajoutez 1 cuillerée à soupe
de porto et 1 cuillerée à soupe de jus de citron. Passez à la mous-
seline et laissez presque entièrement refroidir en tournant souvent pour éviter la formation d'une pellicule.*

*Trempez alors dedans d'abord les pilons, en les tenant par le
bout de l'os, puis chacun des morceaux de pintade piqués dans
une aiguille à brider : la couche de sauce autour des morceaux
doit être de 4 mm, rangez-les les uns à côté des autres sans qu'ils
se touchent, et mettez-les au réfrigérateur. Préparez un troi-
sième sachet de gelée, laissez-la presque refroidir, puis coulez-en
une petite couche sur le plat de service, remettez-le au frais.*

*Lorsque les morceaux de volaille sont bien solidifiés, passez la
pointe d'un couteau autour de chacun, décollez avec une spatule
et disposez-les sur le plat de service. Lorsque le plat est prêt,
faites juste refondre la moitié de la gelée restante ; cuillerée par*

cuillerée, en arroser les morceaux, remettre au frais.
Quand c'est solidifié, refaites de même avec l'autre moitié de la
gelée et remettre au réfrigérateur jusqu'au moment de servir.

A partir d'octobre et jusqu'en décembre se déroulent les casta-
gnades, les fêtes des châtaignes. Vous savez qu'on en récolte dans le
Var, ce qui donne lieu à des réjouissances aux Mayons, à Collo-
brières, à La Garde-Freinet. L'idéal pour griller les châtaignes, c'est
la *sartan castagnero* en fer trouée avec un couvercle et posée sur un
feu de sarments. Mais à la rigueur on peut les faire sur le gaz dans
une poêle ordinaire en mettant autour du couvercle un linge
mouillé pour que cela ne dessèche pas trop. On compte 200 g de
châtaignes par personne et on prend soin de les entailler légèrement
pour qu'elles n'éclatent pas. On peut aussi faire cuire les châtaignes
à la vapeur 40 à 45 minutes, ou bouillir en mettant dans l'eau du
fenouil, du laurier, ou des feuilles de figuier. Mon père me racontait
toujours que dans sa jeunesse on mettait au fond d'une marmite des
bâtons croisés, dessus une couche de raves et de poires, puis les
châtaignes, de l'eau et on "montait la marmite", c'est-à-dire qu'on
l'accrochait à la crémaillère dans la cheminée. Mais c'était en
Limousin.

Si nous terminions notre promenade gourmande par un bon repas à l'occasion d'une fête de famille avec des plats un peu élaborés et difficiles à réaliser – mais ce n'est pas tous les jours fête.

La tourte aux anchois
La torto is anchoïo

C'est une production de l'école méridionale : excellent mets pour un déjeuner d'amateurs ; mais il faut surtout qu'il soit préparé avec de bons anchois de Provence, et de l'huile d'olives de première qualité.

Pilez les filets d'une trentaine d'anchois salés, propres, sans arêtes ; les passer au tamis ; déposez cette purée dans une terrine, travaillez-la, en incorporant peu à peu la valeur de 1/2 verre d'huile d'olive, de façon à obtenir une pâte moelleuse et lisse sans être liquide.

Prenez 6 à 700 g de feuilletage ; divisez la pâte en deux parties, abaissez celle-ci en abaisse ronde et mince ayant 27 à 28 centimètres de diamètre ; étalez sur une tourtière mouillée, la couper bien ronde, et en masquer la surface avec la purée d'anchois en maintenant celle-ci à quelque distance du bord ; humectez l'espace libre avec de l'eau.

Abaissez la seconde partie de la pâte, en tenant l'abaisse un peu plus large que la première, la couper ronde, puis enlever le couvercle en 8 parties égales, prendre celles-ci une à une, les ranger sur la première abaisse en couvrant tout à la fois la pâte et l'appareil aux anchois, mais en ayant le soin de faire légèrement chevaucher chaque partie de pâte, tout en conservant le vide central. Appuyez la pâte sur les bords, puis cannelez régulièrement sur les contours, dorez la surface et, avec la pointe d'un couteau, tracez un petit décor sur chaque partie de pâte formant le dessus de la tourte. Passez alors celle-ci à bon four (200°), cuire 35 minutes. En la sortant, la glisser sur un large plat, lui infiltrer par le vide central quelques cuillers de bonne huile crue.

La terrine de pigeon à la provençale

Préparez un hachis de porc : prenez toutes les chairs attachées au collet du porc ou celles d'une épaule de porc frais ; séparez aussi les graisses retirées des viandes, les mêler avec du lard frais, de façon à former une quantité égale de parties grasses et maigres. Hachez séparément, la viande et le lard ; quand l'un et l'autre sont bien fins, les mêler, les hacher encore ; assaisonnez avec sel et épices.

Désossez 2 ou 3 pigeons, les assaisonner. Remplissez-les avec une partie de hachis préparé, mais préalablement mêlé avec un salpicon de jambon cru et quelques cuillerées de fines herbes.

Cousez les pigeons, faites-les réduire dans du lard fondu.

Masquez le fond et le tour d'une terrine, façon de Strasbourg ou de Toulouse, avec une couche de farce.

Débridez les pigeons, rangez-les sur cette farce ; entourez-les avec quelques mousserons crus, couvrez-les avec une couche de hachis, puis les bardes de lard. Cuire 1 heure 1/4 à four modéré en arrosant souvent.

Dix minutes après que la terrine est sortie du four, mettez un poids léger sur l'appareil, laissez-le refroidir ainsi.

Le filet de sole à la sauce de Provence

Levez les filets de 3 soles : divisez-les chacun en deux parties, assaisonnez, faites-les mariner 1/2 heure avec persil et suc d'un citron. Farinez-les, plongez-les dans de la friture à l'huile, bien chaude. Quand ils sont cuits, égouttez-les et dressez-les sur un plat ou sur une serviette avec du persil frit autour. Envoyez séparément la sauve suivante :

Avec les arêtes du poisson, des légumes, du vin blanc, des aromates, tirez un peu d'essence de poisson ; dégraissez-la, passez et faites-la réduire en demi-glace ; mêlez-lui 1 cuillerée de purée de tomates au naturel, ainsi qu'une cuillerée de sauce. Faites bouillir le liquide, retirez-le sur le côté du feu, et incorporez-lui 125 g de bon beurre divisé en petites parties : l'incorporation doit se faire peu à peu sans cesser de tourner la sauce ; quand celle-ci est bien liée, la finir avec le suc du citron, une pointe de cayenne.

Lou pastis (gâteau)

Prenez 20 g de levure, mélangez-la dans une terrine avec 1/2 litre de lait, 500 g de beurre préalablement fondu, 500 g de sucre en poudre, 1 verre à vin de rhum, 12 œufs, 1 pincée de sel, 1 petite cuillerée de vanille en poudre, et, à volonté, quelques cuillerées de fleur d'oranger et un peu de zeste de citron râpé. Battez le tout ensemble, puis ajoutez peu à peu 750 g de farine. Pétrissez la pâte, enveloppez-la dans un linge saupoudré de farine, couvrez d'une couverture de laine, et mettez au chaud pendant quelques heures. Lorsque la pâte est bien levée, mettez dans un moule beurré et à four chaud. Vous reconnaîtrez que le gâteau est cuit lorsque, en enfonçant une paille, elle en sortira sèche. Saupoudrez de sucre avant de servir.

Série. D-1

EN PROVENCE : Arlésienne 1830, d'après une litho originale de l'époque, par L. DECAEN. Collections Provençales du Vin Blanc de **Cassis Bodin**, à Cassis-sur-Mer (B.-du-Rh.)

(Dry Wine for Oyster.)

Nous n'avons pas parlé des vins mais tout le monde sait que la Provence n'en manque pas, même si les vins, pourtant renommés, de Marseille ont disparu du marché ! Ni du pain dont la consommation était peut-être moins importante chez nous que dans d'autres provinces, moins riches que nous en produits du terroir, mais ils tenaient quand même une grande place dans l'alimentation populaire. C'était un aliment sacré – dans ma jeunesse nous n'aurions jamais jeté le moindre morceau, c'était un péché –, traité avec respect et souvent béni avant d'être entamé comme le raconte Baptiste Bonnet dans *Vido d'enfant* : «Mon père ouvrit son couteau puis, selon son habitude, fit la croix au pain en disant : terre qui porte beau blé, soleil qui le mûris, au nom du Père et du Fils et du Saint Esprit, bon pain de maison, tendre ou dur, pain baigné de sueur, sois chaque jour sur la table pour nous fortifier, pour nous aider à arracher notre pauvre vie, comme les honnêtes gens en trimant.»

✳✳✳

Notre cuisine provençale, c'est un héritage culturel que nous ne devons pas laisser perdre, que nous les cuisinières (et aussi les cuisiniers amateurs !) de la "base" devons maintenir et léguer. Nous avons essayé ensemble d'enrichir notre "savoir culinaire" qui suppose : recette, exécution, transmission, et nous donnons ainsi raison à Eugène Sue qui écrivait, lorsque les aventures du *Juif Errant* lui laissaient quelque loisir : «Pour avoir l'honneur de se dire gourmand, il faut avoir pratiqué soi-même l'art culinaire.»

Table des Matières

Table des Recettes

Les boissons

Et aussi :

Achevé d'imprimer en novembre 1992
sur les presses de Cronion S.A. à Barcelone
Dépot légal 4ème trimestre 1992

Imprimé en Espagne